RANDEYNES & PILS

MÉMOIRES

D'UN MÉDECIN.

Ouvrages du Marquis de Foudras.

EN VENTE.

Les chevaliers du lansquenet........ 6 vol. in-
(En collaboration avec XAVIER DE MONTÉPIN.)
Lilia la Tyrolienne..................... 4 vol. in-8
Suzanne d'Estouville.................. 4 vol. in-8
Tristan de Beauregard................ 4 vol. in-8
La comtesse Alvinzi................... 2 vol. in-8
Madame de Miremont................. 2 vol. in-8

SOUS PRESSE.

Les gentilshommes chasseurs........ 2 vol. in-8
Un drame en famille.................. 2 vol. in-8
Un caprice de grande dame.......... 2 vol. in-8
Jacques de Brancion.................. 4 vol. in-8
Lord Algernon.......................... 4 vol. in-8
Les viveurs d'autrefois............... 4 vol. in-8
Dame de cœur et As de pique....... 4 vol. in-8

TRÈS PROCHAINEMENT.

LA COMTESSE
DE SALISBURY
Par Alexandre Dumas.
Tomes 3 et 4 et derniers.

— Corbeil, imprimerie de Crété. —

MÉMOIRES
D'UN MÉDECIN

PAR ALEXANDRE DUMAS.

JOSEPH BALSAMO.

Troisième Partie.

ANDRÉE DE TAVERNEY.

17

PARIS,
ALEXANDRE CADOT, ÉDITEUR,
32, rue de la Harpe.

1848

I

La Consultation.

Le plus profond silence régnait dehors.

Pas un souffle de vent ne passait dans l'air, pas une voix humaine ne retentissait : la nature était calme.

D'un autre côté, tout le service de Trianon était terminé; les gens des écuries et des cuisines avaient regagné leurs chambres; la petite cour était déserte.

Andrée sentait bien, au fond de son cœur, quelque émotion de l'espèce d'importance que Philippe et le médecin donnaient à cette maladie.

Elle s'étonnait bien un peu de cette singularité du retour du docteur Louis, qui, le matin même, avait déclaré la maladie insignifiante et les remèdes inutiles; mais, grâce à sa candeur profonde, le miroir resplendissant de l'âme n'était pas même terni par le souffle de tous ces soupçons divers.

Tout à coup, le médecin, qui n'avait cessé de la regarder, après avoir dirigé sur elle la lumière de la lampe, lui prit la main comme un ami ou un confesseur, et non plus le pouls comme un médecin.

Ce geste inattendu étonna beaucoup la susceptible Andrée; elle fut un moment près de retirer sa main.

— Mademoiselle, demanda le docteur, est-ce vous qui avez désiré me revoir, ou n'ai-je cédé, en revenant, qu'au désir de votre frère ?

— Monsieur, répondit Andrée, mon frère est rentré en m'annonçant que vous alliez revenir; mais, d'après ce que vous m'aviez fait l'honneur de me dire ce matin du peu de gravité de ma maladie, je n'eusse point pris la liberté de vous déranger de nouveau.

Le docteur s'inclina.

— Monsieur votre frère, continua-t-il, paraît être emporté, jaloux de son honneur, et intraitable sur certaines matières, voilà sans doute pourquoi vous avez refusé de vous ouvrir à lui.

Andrée regarda le docteur comme elle avait regardé Philippe.

— Vous aussi, monsieur? dit-elle avec une suprême hauteur.

— Pardon, mademoiselle, laissez-moi achever.

Andrée fit un geste qui indiquait la patience, ou plutôt la résignation.

— Il est donc naturel, continua le docteur, qu'en voyant la douleur et qu'en pressentant la colère de ce jeune homme, vous ayez obstinément gardé votre secret; mais, vis-à-vis de moi, mademoiselle, de moi qui suis, croyez-le bien, le médecin des âmes autant que celui du corps, de moi qui vois et qui sais, de moi qui, par conséquent, vous épargne la moitié du pénible chemin des révélations, j'ai droit d'attendre que vous soyez plus franche.

— Monsieur, répondit Andrée, si je n'avais vu le visage de mon frère s'assombrir et prendre le caractère d'une véritable douleur, si je ne consultais votre extérieur vénérable et la réputation de gravité dont vous jouissez, je croirais que vous vous entendez tous deux pour jouer une comédie à mes dépens, et pour me faire prendre, à la suite de la consultation, par suite de la peur que vous m'auriez faite, quelque médecine bien noire et bien amère.

Le docteur fronça le sourcil.

— Mademoiselle, dit-il, je vous en supplie, arrêtez-vous dans cette voie de dissimulation.

— De dissimulation ! s'écria Andrée.

—Aimez-vous mieux que je dise d'hypocrisie ?

— Mais, monsieur, s'écria la jeune fille, vous m'offensez !

— Dites que je vous devine.

— Monsieur !

Andrée se leva ; mais le docteur la força doucement de se rasseoir.

— Non, continua-t-il, non, mon enfant; je ne vous offense pas, je vous sers; et si je vous convaincs, je vous sauve!... Ainsi, ni votre regard courroucé, ni l'indignation feinte qui vous anime, ne me feront changer de résolution.

— Mais que voulez-vous, qu'exigez-vous, mon Dieu?

— Avouez, ou, sur mon honneur, vous me donnerez de vous une misérable opinion.

— Monsieur, encore une fois, mon frère n'est point là pour me défendre, et je vous dis que vous m'insultez, et que je ne vous comprends pas, et que je vous somme de vous expliquer clairement, nettement, à propos de cette prétendue maladie.

— Pour la dernière fois, mademoiselle, reprit le docteur étonné, voulez-vous m'épargner la douleur de vous faire rougir?

— Je ne vous comprends pas, je ne vous comprends pas, je ne vous comprends pas, répéta trois fois Andrée regardant le docteur avec des yeux étincelants d'interrogation, de défi, et presque de menace.

— Eh bien! moi je vous comprends, mademoiselle; vous doutez de la science, et vous espérez cacher votre état à tout le monde; mais détrompez-vous, d'un seul mot j'abattrai tout votre orgueil : vous êtes enceinte !...

Andrée poussa un cri terrible et tomba renversée sur le sofa.

Ce cri fut suivi d'un bruit de porte violemment poussée, et Philippe bondit au milieu de la chambre, l'épée au poing, l'œil sanglant, les lèvres tremblantes.

— Misérable! dit-il au docteur; vous mentez!

Le docteur se tourna lentement vers le jeune homme, sans avoir quitté le pouls d'Andrée qui palpitait demi-morte.

— J'ai dit ce que j'ai dit, monsieur, dit le docteur avec mépris, et ce n'est point votre épée, nue ou au fourreau, qui me era mentir.

— Docteur! murmura Philippe en laissant tomber son épée.

— Vous avez désiré que je contrôlasse, par une seconde épreuve, mon premier examen; je l'ai fait: maintenant, la certitude est fondée, acquise, rien ne me l'arrachera du cœur. Je le regrette vivement, jeune homme, car vous m'avez inspiré autant de sympathie que cette jeune fille m'inspire d'aversion par sa persévérance dans le mensonge.

Andrée demeura immobile; mais Philippe fit un mouvement.

— Je suis père de famille, monsieur, continua le docteur, et je comprends tout ce que vous pouvez, tout ce que vous devez souffrir. Je vous offre donc mes services, comme je vous promets ma discrétion. Ma parole est sacrée, monsieur, et tout le monde vous dira que je tiens plus à ma parole qu'à ma vie.

— Oh! mais, monsieur, c'est impossible!

— Je ne sais si c'est impossible; mais c'est vrai. Adieu, monsieur de Taverney.

Et le docteur s'en retourna du même

pas calme et lent, après avoir affectueusement regardé le jeune homme qui se tordait de douleur, et qui, au moment où se refermait la porte, tombait abîmé de douleur sur un fauteuil à deux pas d'Andrée.

Le médecin parti, Philippe se leva, alla fermer la porte du corridor, celle de la chambre, les fenêtres, et, s'approchant d'Andrée qui le regardait avec stupeur faire ses sinistres préparatifs :

— Vous m'avez lâchement et stupidement trompé, dit-il en se croisant les bras;

— lâchement, parce que je suis votre frère, parce que j'ai eu la faiblesse de vous aimer, de vous préférer à tout, de vous estimer plus que tout, et que cette confiance de ma part devait au moins provoquer la vôtre à défaut de tendresse; — stupidement, parce qu'aujourd'hui l'infâme secret qui nous déshonore est au pouvoir d'un tiers, parce que malgré votre discrétion, peut-être il a éclaté à d'autres yeux, parce qu'enfin, si vous m'eussiez avoué à moi tout d'abord la situation où vous vous trouviez, je vous eusse sauvée de la honte, sinon par affection, du moins par égoïsme; car, enfin, je m'épargnais en vous sauvant. Voilà comment et en quoi vous avez failli surtout. Votre honneur, tant que vous n'êtes pas mariée, appartient en commun à tous ceux dont vous portez, c'est-à-dire dont vous souillez le nom. Or, maintenant, je ne suis plus votre frère, puisque vous m'avez dénié ce titre; maintenant, je suis un homme intéressé à vous arracher par tous les moyens possibles le secret tout entier, afin que de cet aveu il jaillisse pour moi une réparation quelconque. Je viens donc à vous plein de colère et de résolution, et je vous dis : Puisque vous avez été assez lâche pour espérer en un mensonge, vous serez punie comme on punit les lâches. Avouez-moi donc votre crime, ou...

— Des menaces ! s'écria la fière Andrée, des menaces à une femme !

Et elle se leva pâle et menaçante elle-même.

— Oui, des menaces, non pas à une femme, mais à une créature sans foi, sans honneur.

— Des menaces ! continua Andrée en s'exaspérant peu à peu; des menaces à moi qui ne sais rien, qui ne comprends rien, qui vous regarde tous comme des fous sanguinaires ligués pour me faire mourir de chagrin, sinon de honte!

— Eh bien, oui, s'écria Philippe, meurs donc! meurs donc, si tu n'avoues; meurs à l'instant même. Dieu te juge, et je vais te frapper.

Et le jeune homme ramassa convulsivement son épée; et, prompt comme l'éclair, en appuya la pointe sur la poitrine de sa sœur.

— Bien, bien, tuez-moi, s'écria celle-ci sans s'effrayer de l'éclair qui jaillit de la lame, sans chercher à éviter la douleur de la piqûre.

Et elle s'élança en avant, pleine de douleur et de démence; et son élan fut si vif, que l'épée lui eût traversé toute la poitrine sans la subite terreur de Philippe, et la vue de quelques gouttes de sang qui tachèrent la mousseline jetée autour du col de sa sœur.

Le jeune homme était au bout de sa force et de sa colère, il recula, laissa échapper le fer de ses mains, et, tombant à genoux avec des sanglots, il entoura de ses bras le corps de la jeune fille.

— Andrée! Andrée! s'écria-t-il, non!

non! c'est moi qui mourrai. Tu ne m'aimes plus, tu ne me connais plus, je n'ai plus rien à faire en ce monde. Oh! tu aimes quelqu'un à ce point, Andrée, que tu préfères la mort à un aveu versé dans mon sein? O Andrée! ce n'est pas toi qui dois mourir, c'est moi qui mourrai!

Et il fit un mouvement pour fuir; mais déjà Andrée l'avait saisi par le col avec ses deux mains égarées, le couvrant de baisers, le baignant de larmes.

— Non, non, dit-elle, tu avais raison d'abord : Tue-moi, Philippe, car on dit que je suis coupable. Mais toi, si noble, si pur, si bon, toi que personne n'accuse, vis, et seulement plains-moi au lieu de me maudire.

— Eh bien ! ma sœur, reprit le jeune homme, au nom du ciel, au nom de notre amitié d'autrefois, voyons, ne crains rien, ni pour toi, ni pour celui que tu aimes; celui-là, quel qu'il soit, me sera sacré, fût-il mon plus cruel ennemi, fût-il le dernier des hommes. Mais je n'ai pas d'ennemi, Andrée ; mais tu es si noble de cœur et de pensée, que tu dois avoir bien choisi ton amant. Eh bien! celui que tu as choisi, je vais l'aller trouver, je vais l'appeler mon frère. Tu ne dis rien ; mais un mariage entre toi et lui est donc impossible ? est-ce cela que tu veux dire ? Eh bien, soit, je me résignerai, je garderai toute ma douleur pour moi, j'étoufferai cette voix impérieuse de l'honneur qui demande du sang. Je n'exige plus rien de toi, pas même le nom de cet homme. Soit, cet homme t'a plu, il m'est cher. Eh bien, seulement, nous quitterons la France, nous fuirons ensemble. Le roi t'a fait don d'une riche parure, à ce qu'on m'a dit ; eh bien, nous la vendrons ; nous enverrons la moitié du prix à notre père. Puis, avec l'autre, nous vivrons ignorés ; je serai tout pour toi, Andrée. Tu seras tout pour moi. Moi,

moi, je n'aime personne; tu vois que je te suis dévoué. Andrée, tu vois ce que je fais; tu vois que tu peux compter sur mon amitié; voyons, me refuseras-tu encore ta confiance, après ce que je viens de dire? Voyons, voyons, ne m'appelleras-tu pas ton frère?

Andrée avait écouté en silence tout ce que venait de dire le jeune homme éperdu.

Le battement de son cœur indiquait seul la vie; son regard seul indiquait la raison.

— Philippe, dit-elle après un long si-

lence, tu as pensé que je ne t'aimais plus,
pauvre frère; tu as pensé que j'avais aimé
un autre homme; tu as pensé que j'avais
oublié la loi de l'honneur, moi, qui suis
fille noble et qui comprends tous les devoirs que ce mot m'impose pour les erreurs!... Mon ami, je te le pardonne;
oui, oui, en vain m'as-tu crue infâme, en
vain m'as-tu appelée lâche; oui, oui, je te
pardonne, mais je ne te pardonnerai pas
si tu me crois assez impie, assez vile pour
te faire un faux serment. Je te jure, Philippe, par le Dieu qui m'entend, par l'âme
de ma mère, qui ne m'a point assez protégée, hélas! à ce qu'il paraît; je te jure, par
mon ardent amour pour toi, que jamais

une pensée d'amour n'a distrait ma raison;
que jamais homme ne m'a dit : « Je
t'aime ; » que jamais bouche ne m'a baisé
la main ; que je suis pure d'esprit, vierge
de désirs, et cela comme au jour de ma
naissance. — Maintenant, Philippe,
maintenant Dieu ait mon âme, tu tiens
mon corps entre tes mains.

— C'est bien, dit Philippe, après un
long silence; c'est bien, Andrée, je te re-
mercie. A présent je vois clair jusqu'au
fond du cœur. Oui, tu es pure, innocente,
chère victime; mais il est des boissons ma-
giques, des filtres empoisonnés ; quelqu'un
t'a tendu un piége infâme: ce que, vi-

vante, nul n'eût pu t'arracher avec la vie, eh bien! on te l'aura dérobé pendant ton sommeil. Tu es tombée dans quelque piége, Andrée; mais maintenant nous voilà unis; par conséquent, maintenant, nous voilà forts. Tu me confies le soin de ton honneur, n'est-ce pas, et celui de ta vengeance?

—Oh! oui, oui, dit vivement Andrée avec un sombre éclat; oui, car si tu me venges, ce sera d'un crime.

—Eh bien, continua Philippe, voyons, aide-moi, soutiens-moi. Cherchons ensemble, remontons jour à jour les jours écoulés, suivons le fil secourable du souvenir, et au premier nœud de cette trame obscure...

Oh! je le veux! je le veux, dit Andrée, cherchons.

— Voyons, as-tu remarqué que quelqu'un te suivît, te guettât?

— Non.

— Personne ne t'a écrit?

— Personne.

— Pas un homme ne t'a dit qu'il t'aimât?

— Pas un.

— Les femmes ont pour cela un instinct remarquable; à défaut de lettres, à défaut d'aveu, as-tu jamais remarqué que quelqu'un te... désirât?

— Je n'ai jamais rien remarqué de pareil.

— Chère sœur, cherche dans les circonstances de ta vie, dans les détails intimes.

— Guide-moi.

— As-tu fait quelque promenade seule?

— Jamais, que je me rappelle, si ce n'est pour aller chez Madame la Dauphine.

— Quand tu t'éloignais dans le parc, dans la forêt?

— Nicole m'accompagnait toujours.

— A propos, Nicole, elle t'a quittée?

— Oui.

— Quel jour?

—Le jour même de ton départ, à ce que je crois.

— C'était une fille de mœurs suspectes. As-tu connu les détails de sa fuite? Cherche bien.

— Non, je sais seulement qu'elle est partie avec un jeune homme qu'elle aimait.

— Quels sont tes derniers rapports avec cette fille?

— Oh! mon Dieu, vers neuf heures, elle est entrée, comme d'habitude, dans ma chambre, m'a déshabillée, m'a préparé mon verre d'eau, et est sortie.

— Tu n'as point remarqué qu'elle mêlât une liqueur quelconque dans cette eau?

— Non; d'ailleurs cette circonstance n'aurait aucune importance, car je me rappelle qu'au moment où je portais le verre à ma bouche, j'ai éprouvé une sensation étrange.

— Laquelle?

— La même que j'avais éprouvée un jour à Taverney.

— A Taverney?

— Oui, lors du passage de cet étranger.

— De quel étranger.

— Du comte de Balsamo.

— Du comte de Balsamo? Et quelle était cette sensation?

— Oh! quelque chose comme un vertige, comme un éblouissement, puis la perte de toutes mes facultés.

— Et tu avais éprouvé cette impression à Taverney, dis-tu?

— Oui.

— Dans quelle circonstance?

— J'étais à mon piano, je me sentis défaillir : je regardai devant moi; j'aperçus le comte dans une glace. A partir de ce moment je ne me souviens plus de rien, si ce n'est que je me réveillai à mon piano sans pouvoir mesurer le temps que j'avais dormi.

— C'est la seule fois, dis-tu, que tu as éprouvé cette singulière sensation.

— Et une fois encore, le jour ou plutôt la nuit du feu d'artifice. J'étais entraînée par toute cette foule, sur le point d'être broyée, anéantie ; je réunissais toutes mes forces pour lutter ; tout à coup mes bras raidis se détendirent, un nuage enveloppa mes yeux, mais à travers ce nuage j'eus encore le temps de voir ce même homme.

— Le comte Balsamo ?

— Oui.

— Et tu t'endormis?

— Je m'endormis ou m'évanouis, je ne puis dire. Tu sais comment il m'emporta et comment il me ramena chez mon père.

— Oui, oui; et cette nuit, cette nuit du départ de Nicole, tu l'as revu?

— Non, mais j'ai éprouvé tous les symptômes qui annonçaient sa présence : la même sensation étrange, le même éblouissement nerveux, le même engourdissement, le même sommeil.

— Le même sommeil ?

— Oui, sommeil plein de vertiges, dont, tout en luttant, je reconnaissais l'influence mystérieuse, et auquel j'ai succombé.

— Grand Dieu ! s'écria Philippe, continue, continue.

— Je m'endormis.

— Où cela ?

— Sur mon lit, j'en suis bien sûre, et je me retrouvai à terre, sur le tapis, seule, souffrante et glacée comme une morte qui ressuscite. En me réveillant, j'appelai Nicole, mais en vain; Nicole avait disparu.

— Et ce sommeil, c'était bien le même?

— Oui.

— Le même qu'à Taverney? le même que le jour des fêtes?

— Oui, oui.

— Les deux premières fois, avant de succomber, tu avais vu ce Joseph Balsamo, ce comte de Fœnix?

— Parfaitement.

— Et la troisième fois, tu ne le revis pas ?

— Non, dit Andrée avec effroi, car elle commençait à comprendre, non, mais je le devinai.

— Bien ! s'écria Philippe ; maintenant, sois tranquille, sois rassurée, sois fière, Andrée ; je sais le secret ; merci, chère sœur, merci ! Ah ! nous sommes sauvés !

Philippe prit Andrée entre ses bras, la pressa tendrement sur son cœur, et, emporté par la fougue de la résolution, il s'élança hors de la chambre, sans vouloir attendre, ni entendre.

Il courut à l'écurie, sella lui-même son cheval, s'élança sur son dos, et prit, en toute hâte, le chemin de Paris.

II

La conscience de Gilbert.

Toutes les scènes que nous venons de décrire avaient frappé un contre-coup terrible sur Gilbert.

La susceptibilité très-équivoque de ce

jeune homme se voyait mise à une trop rude épreuve, lorsque, du fond de la retraite qu'il savait choisir dans un coin quelconque des jardins, il voyait chaque jour les progrès de la maladie sur le visage et dans la démarche d'Andrée ; lorsque cette pâleur, qui, la veille, l'avait alarmé, venait, le lendemain, lui paraître plus marquée, plus accusatrice, alors que mademoiselle de Taverney se mettait à sa fenêtre aux premiers rayons du matin. Alors, quiconque eût observé le regard de Gilbert n'eût pas méconnu en lui les traits caractéristiques du remords, devenu un dessin classique chez les peintres de l'antiquité.

Gilbert aimait la beauté d'Andrée, et par contre il la détestait. Cette beauté brillante, jointe à tant d'autres supériorités, établissait une nouvelle ligne de démarcation entre lui et la jeune fille ; cette beauté cependant lui paraissait un nouveau trésor à conquérir. — Telles étaient les raisons de son amour et de sa haine, de son désir ou de son mépris.

Mais, du jour où cette beauté se ternissait, où les traits d'Andrée devenaient les révélateurs d'une souffrance ou d'une honte ; du jour enfin, où il y avait danger pour Andrée, danger pour Gilbert, la situation changea complétement, et Gilbert, esprit éminemment juste, changeait avec elle de point de vue.

Disons-le, son premier sentiment fut une profonde tristesse. — Il ne vit pas sans douleur se flétrir la beauté, la santé de sa maîtresse. Il éprouva le délicieux orgueil de plaindre cette femme si fière, si dédaigneuse avec lui, et de lui rendre la pitié pour tous les opprobres dont elle l'avait couvert.

Ce n'est pas par là cependant que nous trouverons Gilbert excusable. L'orgueil ne justifie rien. Aussi n'entra-t-il que de l'orgueil dans l'habitude qu'il prit d'envisager la situation. Chaque fois que mademoiselle de Taverney, pâle, souffrante et inclinée, paraissait comme un fantôme aux yeux de Gilbert, le cœur de celui-ci bondissait, le sang montait à ses paupières comme font les larmes, et il appuyait sur sa poitrine une main crispée, inquiète, qui cherchait à comprimer la révolte de sa conscience.

— C'est par moi qu'elle est perdue, murmurait-il, et, après l'avoir couvée d'un regard furieux et dévorant, il s'enfuyait, croyant toujours la revoir et l'entendre gémir.

Alors, il lui venait au cœur, il ressentait une des plus poignantes douleurs qu'il soit donné à l'homme de supporter. Son furieux amour avait besoin d'un soulagement, et il eût parfois sacrifié sa vie pour avoir le droit de tomber aux genoux d'Andrée, de lui prendre la main, de la consoler, de la rappeler à la vie quand elle s'évanouissait. Son impuissance dans ces occasions, était un supplice dont rien au monde ne saurait décrire les tortures.

Gilbert supporta trois jours ce martyre.

Le premier, il avait remarqué le changement, la lente décomposition qui s'opérait chez Andrée. Là où nul ne voyait encore rien, lui, le complice, devinait et expliquait tout. Il y eut plus : après avoir étudié la marche du mal, il supputa l'époque précise où la crise éclaterait.

Le jour des évanouissements se passa pour lui en transes, en sueur, en vagues démarches, indices certains d'une conscience aux abois. Toutes ces allées et venues, ces airs d'indifférence ou d'empressement, ces élans de sympathie ou de sarcasme, que Gilbert considérait, lui, comme des chefs-d'œuvre de dissimulation et de tactique, le moindre clerc du Châtelet, le moindre porte-clefs de Saint-Lazare les eût aussi parfaitement analysés et traduits que la Fouine de M. de Sartines lisait et transcrivait les correspondances en chiffres.

On ne voit pas un homme courir à perdre haleine, puis s'arrêter soudain, pousser des sons inarticulés, puis se plonger tout à coup dans le silence le plus noir ; on ne le voit pas écouter dans l'air les bruits indifférents, ou gratter la terre, ou hacher les arbres, avec une sorte de rage, sans s'arrêter pour dire :

— Celui-là est un fou, s'il n'est pas un coupable.

Après le premier épanchement du remords, Gilbert avait passé de la commisération à l'égoïsme. Il sentait que les évanouissements si fréquents d'Andrée ne paraîtraient pas à tout le monde une maladie naturelle, et qu'on en rechercherait la cause.

Gilbert se rappelait alors les formes brutales et expéditives de la justice qui s'informe, les interrogations, les recherches, les analogies inconnues au reste du monde et qui mettent sur la piste d'un coupable ces limiers pleins de ressources qu'on appelle les instructeurs, de tous les genres de vols qui peuvent déshonorer un homme.

Or, celui que Gilbert avait commis lui paraissait, en morale, le plus odieux et le plus punissable.

Il se mit donc à trembler sérieusement, car il redouta que les souffrances d'Andrée ne suscitassent une enquête.

Dès lors, pareil au criminel de ce tableau célèbre que poursuit l'ange du remords avec le feu pâle de sa torche, Gilbert ne cessa de tourner, sur tout ce qui l'entourait, des regards effarés. Les bruits, les chuchottements lui devinrent suspects. Il écoutait chaque parole prononcée devant lui, et si insignifiante qu'elle fût, elle lui semblait avoir rapport à mademoiselle de Taverney ou à lui.

Il avait vu M. de Richelieu aller chez le roi, M. de Taverney aller chez sa fille. La maison lui avait semblé, ce jour-là, prendre un air de conspiration et de défiance qui n'était pas habituel.

Ce fut bien pis encore lorsqu'il aperçut le médecin de la Dauphine se dirigeant vers la chambre d'Andrée.

Gilbert était de ces sceptiques qui ne croient à rien, peu lui importait des hommes et du ciel, mais il reconnaissait pour Dieu la science et proclamait son omnipotence.

En certains moments, Gilbert eût nié la pénétration infaillible de l'être suprême; jamais il n'eût douté de la clairvoyance du médecin. L'arrivée du docteur Louis près d'Andrée fut un coup dont le moral de Gilbert ne se releva pas.

Il courut à sa chambre, interrompant tout travail, et sourd comme une statue aux injonctions de ses chefs. Là, derrière le pauvre rideau qu'il s'était improvisé pour masquer ses espionnages, il aiguisa toutes ses facultés pour tâcher de surprendre un mot, un geste qui lui révélassent le résultat de la consultation.

Rien ne vint l'éclairer. Il aperçut seulement une fois le visage de la Dauphine qui vint auprès de la fenêtre pour regarder derrière les vitres la cour, que peut-être elle n'avait jamais vue.

Il put aussi distinguer le docteur Louis ouvrir cette fenêtre, afin de laisser passer un peu d'air dans la chambre. Quant à entendre ce qui se disait, quant à voir le jeu des physionomies, Gilbert ne le put; un épais rideau, qui servait de store, retomba le long de la fenêtre et intercepta tout le sens de la scène.

On peut juger des angoisses du jeune homme. Le médecin, à l'œil de lynx, avait découvert le mystère. L'éclat devait avoir lieu ; non pas immédiatement, car Gilbert supposait avec raison que la présence de la Dauphine serait un obstacle, mais tout à l'heure, entre le père et la fille, après le départ des deux personnes étrangères.

Gilbert, ivre de douleur et d'impatience, battait avec sa tête les deux parois de sa mansarde.

Il vit M. de Taverney sortir avec madame la Dauphine, et le docteur était déjà parti.

— C'est entre M. de Taverney et la Dauphine, se dit-il, que l'explication aura lieu.

Le baron ne revint pas trouver sa fille ; Andrée resta seule chez elle et passa le temps sur son sofa, tantôt à une lecture, que les spasmes et la migraine la forçaient d'interrompre, tantôt d'une profondeur et d'une impassibilité tellement étranges, que Gilbert les prenait pour des extases, lorsqu'il en surprenait une période par l'entrebâillement du rideau que le vent soulevait.

Andrée, fatiguée de douleurs et d'émotions, s'endormit. Gilbert profita de ce répit pour aller recueillir au dehors les bruits et les commentaires.

Ce temps lui fut précieux, à cause des réflexions qu'il lui donna le temps de faire.

Le danger était tellement imminent, qu'il s'agissait de le combattre par une résolution soudaine, héroïque.

Ce fut le premier point d'appui sur lequel cet esprit chancelant, à force d'être subtil, retrouva du ressort et du repos.

Mais quelle résolution prendre? Un changement dans des circonstances pareilles est une révélation. — La fuite. — Ah! oui! la fuite, avec cette énergie de la jeunesse, avec cette vigueur du désespoir et de la peur, qui doublent les forces d'un homme et les égalent à celle de tout une armée... Se cacher le jour, marcher la nuit, et parvenir enfin...

Où?

En quel endroit se cacher si bien que ne puisse y atteindre le bras vengeur de la justice du roi !

Gilbert connaissait les mœurs de la campagne. Que pense-t-on dans des pays presque sauvages, presque déserts ? car, pour les villes il n'y faut pas songer. Que pense-t-on dans une bourgade, dans un hameau, de l'étranger qui vient mendier un jour son pain, ou qu'on soupçonne de le voler ? Et puis Gilbert se savait par cœur : une figure remarquable, une figure qui désormais porterait l'empreinte indélébile d'un secret terrible, attirerait l'attention du premier observateur. Fuir était déjà un danger ; mais être découvert, c'était une honte.

La fuite devait faire juger Gilbert coupable ; il repoussa cette idée ; et comme si son esprit n'eût eu de forces que tout juste pour trouver une idée, le malheureux, après la fuite, trouva la mort.

C'était la première fois qu'il y songeait, — l'apparition de ce lugubre fantôme qu'il évoqua ne lui occasionna aucune peur.

— Il sera toujours temps, se dit-il, de

songer à la mort lorsque toutes les ressources seront épuisées. D'ailleurs, c'est une lâcheté que de se tuer, M. Rousseau l'a dit; souffrir est plus noble.

Sur ce paradoxe, Gilbert releva la tête et recommença ses courses vagues dans les jardins.

Il en était aux premières lueurs de la sécurité, lorsque tout à coup Philippe, arrivant comme nous l'avons vu, bouleversa toutes ses idées et le jeta dans une nouvelle série de perplexités.

Le frère! le frère appelé! c'était donc

bien avéré! La famille prenait le parti du silence; oui, mais avec toutes les investigations, tous les raffinements de détails qui, pour Gilbert, valaient tout l'appareil tortionnaire de la Conciergerie, du Châtelet et la Tournelle. C'est alors qu'on le traînerait devant Andrée, qu'on le forcerait à s'agenouiller, à confesser bassement son crime, et qu'on le tuerait comme un chien avec le bâton ou le couteau. Vengeance légitime qui d'avance avait son immunité dans les précédents d'une foule d'aventures.

Le roi Louis XV était fort complaisant pour la noblesse en de semblables occasions.

Et puis, Philippe était le plus redoutable vengeur que mademoiselle de Taverney pût appeler à l'aide ; Philippe, le seul de la famille qui eût montré à Gilbert des sentiments d'homme et presque d'égal, Philippe ne tuerait-il pas aussi sûrement le coupable avec un mot qu'avec le fer, si ce mot était :

« Gilbert, vous avez mangé notre pain, et vous nous déshonorez ! »

Aussi avons-nous vu Gilbert se dérobant dès la première apparition de Philippe ; aussi, en revenant, n'obéit-il qu'à son instinct pour ne pas s'accuser lui-même, et dès cet instant concentra-t-il toutes ses forces vers un seul but : la résistance.

Il suivit Philippe, le vit monter chez Andrée, causer avec le docteur Louis; il épia tout, jugea tout, comprit le désespoir de Philippe. Il vit naître et grandir cette douleur : sa terrible scène avec Andrée, il la devina au jeu des ombres derrière le rideau.

— Je suis perdu, pensa-t-il; et aussitôt sa raison s'égarant, il s'empara d'un couteau pour tuer Philippe, qu'il s'attendait à voir paraître à sa porte...., ou pour se tuer lui-même, s'il le fallait.

Tout au contraire, Philippe se réconcilia avec sa sœur, Gilbert le vit à genoux, baisant les mains d'Andrée. C'était un espoir nouveau, une porte de salut. Si Philippe n'était pas encore monté avec des cris de fureur, c'était parce qu'Andrée ignorait complétement le nom du coupable. Si elle, le seul témoin, le seul accusateur, ne savait rien, nul ne savait donc rien. Si Andrée, fol espoir, savait et n'avait pas dit, c'était plus que le salut, c'était le bonheur, c'était le triomphe.

Dès ce moment, Gilbert se haussa résolument jusqu'au niveau de la situation. Rien ne l'arrêta plus dans sa marche aussitôt qu'il eut recouvert la netteté de son coup d'œil.

Où sont les traces, dit-il, si mademoiselle de Taverney ne m'accuse pas; et, fou que je suis, est-ce du résultat qu'elle m'accuserait, ou du crime? Or, elle ne m'a pas reproché le crime, rien depuis trois semaines ne m'a indiqué qu'elle me détestât ou m'évitât plus qu'avant.

Si donc elle n'a pas connu la cause, rien

dans l'effet ne trahit moi plus qu'un autre. J'ai vu, moi, le roi lui-même dans la chambre de mademoiselle Andrée. J'en témoignerais, au besoin, devant le frère, et, malgré toutes les dénégations de Sa Majesté, on me croirait... Oui, mais ce serait là un bien périlleux parti... Je me tairai : le roi a trop de moyens de prouver son innocence ou d'écraser mon témoignage. Mais, à défaut du roi, dont le nom ne peut-être invoqué en tout ceci sous peine de prison perpétuelle ou de mort, n'ai-je pas cet homme inconnu qui, la même nuit, a fait descendre mademoiselle de Taverney dans le jardin ?.. Celui-là, comment se défendra-t-il ? celui-là, comment le devineraitt-on, comment le retrouverait-on si on le devinait? Celui-là n'est qu'un homme ordinaire, je le vaux bien, et je me défendrai toujours bien contre lui. D'ailleurs on ne songe pas même à moi. — Dieu seul m'a vu, ajouta-t-il en riant avec amertume... Mais ce Dieu qui tant de fois vit mes larmes et mes douleurs sans rien dire, pourquoi commettrait-il l'injustice de me révéler en cette occasion la première qu'il m'ait fournie d'être heureux?...

Au surplus, si le crime existe, il est à lui et non à moi, et M. de Voltaire prouve surabondamment qu'il n'y a plus de miracles. Je suis sauvé, je suis tranquille, mon secret m'appartient. L'avenir est à moi.

Après ces réflexions, ou plutôt cette composition avec sa confiance, Gilbert serra ses outils aratoires, alla prendre avec ses compagnons le repas du soir. Il fut gai, insoucieux, provoquant même. Il avait eu des remords, il avait eu peur, c'est une double faiblesse qu'un homme, un philosophe, devait se hâter d'effacer. Seulement il comptait sans sa conscience: Gilbert ne dormit pas.

III

Deux douleurs.

Gilbert avait jugé sainement la position lorsqu'il disait, en parlant de l'homme inconnu surpris par lui dans les jardins pendant cette soirée qui avait été si fatale à mademoiselle de Taverney.

— Le retrouvera-t-on ?

En effet, Philippe ignorait complétement où demeurait Joseph Balsamo, comte de Fœnix.

Mais il se rappela cette dame de condition, cette marquise de Saverny, chez laquelle, au 31 mai, Andrée avait été conduite pour recevoir des soins.

Il n'était point une heure tellement avancée qu'on ne pût se présenter chez cette dame, qui logeait rue Saint-Honoré. Philippe comprima toute agitation de son esprit et de ses sens; il monta chez la dame, et la femme de chambre lui donna aussitôt, sans hésitation, l'adresse de Balsamo, rue Saint-Claude, au Marais.

Philippe se dirigea aussitôt vers l'adresse indiquée.

Mais ce ne fut pas sans une émotion profonde qu'il toucha le marteau de cette maison suspecte, où, selon ses conjectures, se tenaient engloutis à jamais le repos et l'honneur de la pauvre Andrée. Mais avec un appel de sa volonté, il eut bientôt surmonté l'indignation et la sensibilité, pour se réserver bien intactes les forces dont il comptait avoir besoin.

Il frappa donc à la maison d'une main assez assurée, et, selon les habitudes du lieu, la porte s'ouvrit.

Philippe entra dans la cour en tenant son cheval par la bride.

Mais il n'eut pas fait quatre pas, que Fritz, sortant du vestibule et apparaissant au haut des degrés, vint l'arrêter avec cette question :

— Que veut monsieur ?

Philippe tressaillit comme à un obstacle imprévu.

Il regarda l'Allemand en fronçant le sourcil, comme si Fritz n'eût pas accompli un simple devoir de serviteur.

— Je veux, dit-il, parler au maître du logis, au comte de Fœnix, répliqua Philippe en passant la bride de son cheval à un anneau et en marchant vers la maison, dans laquelle il entra.

— Monsieur n'est point chez lui, dit Fritz, en laissant cependant passer Philippe, avec cette politesse d'un serviteur bien dressé.

Chose étrange, Philippe semblait avoir tout prévu, excepté cette simple réponse.

Il demeura un instant interdit.

— Où le trouverai-je? demanda-t-il.

— Je ne sais, Monsieur.

— Vous devez savoir cependant?

— Je vous demande pardon, monsieur ne me rend pas de comptes.

— Mon ami, dit Philippe, il faut pourtant que je parle à votre maître ce soir.

— Je doute que ce soit possible.

— Il le faut; c'est pour une affaire de la plus haute importance.

Fritz s'inclina sans répondre.

— Il est donc sorti? demanda Philippe.

— Oui, Monsieur.

— Il rentrera sans doute?

— Je ne crois pas, monsieur.

— Ah ! vous ne croyez pas ?

— Non.

— Très-bien, dit Philippe avec un commencement de fièvre ; en attendant, allez dire à votre maître...

— Mais j'ai l'honneur de vous dire, répliqua imperturbablement Fritz, que Monsieur n'est pas ici.

— Je sais ce que valent les consignes,

mon ami, dit Philippe, et la vôtre est respectable; mais elle ne peut, en verité, s'appliquer à moi, dont votre maître ne pouvait prévoir la visite, et qui viens ici par exception.

— La consigne est pour tout le monde, Monsieur, répondit maladroitement Fritz.

— Alors, puisqu'il y a consigne, dit Philippe, le comte de Fœnix est ici.

— Et bien, après? dit à son tour Fritz, que tant d'insistance commençait à impatienter.

— Eh bien ! je l'y attendrai.

— Monsieur n'est pas ici, vous dis-je, répliqua-t-il ; le feu a pris il y a quelque temps à la maison, et, à la suite de cet incendie, elle est devenue inhabitable.

— Tu l'habites cependant, toi, dit Philippe maladroit à son tour.

— Je l'habite comme gardien.

Philippe haussa les épaules en homme qui ne croit pas un mot de ce qu'on lui dit.

Fritz commençait à s'irriter.

— Au reste, dit-il, que monsieur le comte y soit ou n'y soit pas, on n'a pas, soit en sa présence, soit en son absence, l'habitude de pénétrer chez lui de force ; et, si vous ne vous conformez pas aux habitudes, je vais être contraint...

Fritz s'arrêta.

— A quoi? demanda Philippe s'oubliant.

— A vous mettre dehors, répondit tranquillement Fritz.

— Toi? s'écria Philippe, l'œil étincelant.

— Moi, répliqua Fritz, reprenant, avec le caractère particulier à sa nation, toutes les apparences du sang-froid, à mesure que grandissait sa colère.

Et il fit un pas vers le jeune homme, qui exaspéré, hors de lui, mit l'épée à la main.

Fritz, sans s'émouvoir à la vue du fer, sans appeler, peut-être d'ailleurs était-il seul, Fritz saisit à une panoplie une espèce de pieu armé d'un fer court, mais aigu, et s'élançant sur Philippe en batoniste plutôt qu'en escrimeur, il fit, du premier choc, voler en éclats la lame de cette petite épée.

Philippe poussa un cri de colère, et s'élançant à son tour vers le trophée, chercha à y saisir une arme.

En ce moment, la porte secrète du corridor s'ouvrit, et, se détachant sur le cadre sombre, le comte apparut.

— Qu'y a-t-il, Fritz? demanda-t-il.

— Rien Monsieur, répliqua le serviteur

en abaissant son épieu, mais en se plaçant comme une barrière en face de son maître, qui, placé sur les degrés de l'escalier dérobé, le dominait de la moitié du corps.

— Monsieur le comte de Fœnix, dit-il, est-ce l'habitude de votre pays que les laquais reçoivent un gentilhomme l'épieu à la main, ou est-ce une consigne particulière à votre noble maison?

— Arrêtez, Fritz, dit Balsamo.

Fritz abaissa son épieu, et, sur un signe du maître, le déposa dans un angle du vestibule.

— Qui êtes-vous, Monsieur? demanda le comte, qui distinguait mal Philippe à la lueur de la lampe qui éclairait l'antichambre.

— Quelqu'un qui veut absolument vous parler.

— Qui veut?

— Oui.

— Voilà un mot qui excuse bien Fritz, Monsieur; car, moi, je ne veux parler à personne, et quand je suis chez moi, je ne reconnais à personne le droit de vouloir me parler. Vous êtes donc coupable d'un tort vis-à-vis de moi; mais, ajouta Balsamo avec un soupir, je vous le pardonne, à la condition cependant que vous vous retirerez et ne troublerez pas davantage mon repos.

— Il vous sied bien, en vérité, s'écria Philippe, de demander du repos, vous qui m'avez ôté le mien.

— Moi, je vous ai ôté votre repos? demanda le comte.

— Je suis Philippe de Taverney! s'écria le jeune homme, croyant que, pour la conscience du comte, ce mot répondait à tout.

— Philippe de Taverney?... Monsieur, dit le comte, j'ai été bien reçu chez votre père, soyez le bien reçu chez moi.

— Ah! c'est bien heureux, murmura Philippe.

— Veuillez me suivre, Monsieur.

Balsamo referma la porte de l'escalier dérobé, et, marchant devant Philippe, il le conduisit au salon où nous avons vu nécessairement se dérouler quelques-unes des scènes de cette histoire, et particulièrement la plus récente de toutes celles qui s'y étaient passées, celle des cinq maîtres.

Le salon était éclairé comme si on eût attendu quelqu'un; mais il était évident que c'était par une des habitudes luxueuses de la maison.

— Bonsoir, monsieur de Taverney, dit Balsamo d'un son de voix doux et voilé qui força Philippe de lever les yeux sur lui.

Mais, à la vue de Balsamo. Philippe fit un pas en arrière.

Le comte, en effet, n'était plus que l'ombre de lui-même; ses yeux caves n'avaient plus de lumière; ses joues, en maigrissant, avaient encadré la bouche de deux plis, et l'angle facial, nu et osseux, faisait ressembler toute la tête à une tête de mort.

Philippe demeura atterré. Balsamo regarda son étonnement, et un sourire d'une tristesse mortelle effleura ses lèvres pâles.

— Monsieur, dit-il, je vous fais mes excuses pour mon serviteur; mais, en vérité, il suivait sa consigne, et c'est vous, permettez-moi de vous le dire, qui vous étiez mis dans votre tort en la forçant.

— Monsieur, dit Philippe, il y a, vous le savez, dans la vie, des situations extrêmes, et j'étais dans une de ces situations.

Balsamo ne répondit point.

— Je voulais vous voir, continua Philippe, je voulais vous parler; j'eusse, pour pénétrer jusqu'à vous, bravé la mort.

Balsamo continuait de garder le silence et semblait attendre un éclaircissement aux paroles du jeune homme, sans avoir la force ni la curiosité de le demander.

— Je vous tiens, continua Philippe, je vous tiens enfin, et nous allons nous expliquer, s'il vous plaît mais veuillez, d'abord congédier cet homme.

Et du doigt Philippe désignait Fritz, qui venait de soulever la portière comme pour demander à son maître ses derniers ordres à l'égard de l'importun visiteur.

Balsamo attacha sur Philippe un regard dont le but était de pénétrer ses intentions;

mais en se retrouvant en face d'un homme, son égal par le rang et par la distinction, Philippe avait repris son calme et sa force; il fut impénétrable.

Alors Balsamo, d'un simple mouvement de la tête, ou plutôt des sourcils, congédia Fritz, et les deux hommes s'assirent en face l'un de l'autre, Philippe, le dos tourné à la cheminée, Balsamo le coude appuyé sur un guéridon.

— Parlez vite et clairement, s'il vous plaît, Monsieur, dit Balsamo, car je ne vous écoute que par bienveillance, et, je vous en préviens, je me lasserais promptement.

— Je parlerai comme je dois, Monsieur, et autant que je le jugerai convenable, dit Philippe; et, sauf votre bon plaisir, je vais commencer par une interrogation.

A ce mot, un froncement terrible de sourcils dégagea des yeux de Balsamo un éclair électrique.

Ce mot lui rappelait de tels souvenirs, que Philippe eût frémi, s'il avait su ce qu'il remuait au fond du cœur de cet homme.

Cependant, après un moment de silence employé à reprendre son empire sur lui-même.

— Interrogez, dit Balsamo.

— Monsieur, répondit Philippe, vous ne m'avez jamais bien expliqué l'emploi de votre temps pendant cette fameuse nuit du 31 mai, à partir de ce moment où vous enlevâtes ma sœur du milieu des mourants et des morts qui encombraient la place Louis XV?

—Qu'est-ce que cela signifie? demanda Balsamo.

— Cela signifie monsieur le comte, que toute votre conduite, cette nuit-là, m'a été, et m'est plus que jamais suspecte.

— Suspecte ?

— Oui, et que selon toute probabilité, elle n'a point été celle d'un homme d'honneur.

— Monsieur, dit Balsamo, je ne vous comprends pas : vous devez remarquer que ma tête est fatiguée, affaiblie, et que cette faiblesse me cause naturellement des impatiences.

— Monsieur ! s'écria à son tour Philippe irrité du ton plein de hauteur et de calme à la fois que Balsamo gardait avec lui.

— Monsieur! continua Balsamo du même ton, depuis que j'ai eu l'honneur de vous voir, j'ai éprouvé un grand malheur : ma maison a brûlé en partie, et divers objets précieux, très-précieux, entendez-vous bien, ont été perdus pour moi ; il en résulte que j'ai conservé de ce chagrin quelque égarement ; soyez donc fort clair, je vous prie, ou bien je prendrai congé de vous immédiatement.

— Oh! non pas, monsieur, dit Philippe, non pas ; vous ne prendrez point congé de moi aussi facilement que vous le dites ; je respecterai vos chagrins, si vous vous montrez compatissant aux miens ; à moi aussi, monsieur, il est arrivé un malheur bien grand, bien plus grand qu'à vous, j'en suis sûr.

Balsamo sourit de ce sourire désespéré que Philippe, avait déjà vu errer sur ses lèvres.

— Moi, monsieur, continua Philippe, j'ai perdu l'honneur de ma famille.

— Eh bien, monsieur, répliqua Balsamo, que puis-je faire à ce malheur, moi?

— Ce que vous pouvez y faire? s'écria Philippe les yeux étincelants.

— Sans doute.

— Vous pouvez me rendre ce que j'ai perdu, monsieur !

— Ah ! ça, mais vous êtes fou, monsieur, s'écria Balsamo.

Et il étendit sa main vers la sonnette.

Mais il fit ce geste si mollement et avec si peu de colère que le bras de Philippe l'arrêta aussitôt.

— Je suis fou ? s'écria Philippe d'une

voix saccadée; mais ne comprenez-vous donc pas qu'il s'agit de ma sœur, de ma sœur que vous avez tenue évanouie dans vos bras, le 31 mai; de ma sœur que vous avez conduite dans une maison, selon vous honorable, selon moi infâme; de ma sœur, en un mot, dont je vous demande l'honneur l'épée à la main.

Balsamo haussa les épaules.

— Eh! bon Dieu! murmura-t-il, que de détours pour en arriver à une chose si simple!

— Malheureux! s'écria Philippe.

—Quelle déplorable voix vous avez, Monsieur, dit Balsamo avec la même impatience triste, vous m'assourdissez : voyons, ne venez-vous pas de me dire que j'avais insulté votre sœur ?

— Oui, lâche !

— Encore un cri et une insulte inutiles Monsieur ; qui diable vous a donc dit que j'eusse insulté votre sœur ?

Philippe hésita ; le ton avec lequel Balsamo avait prononcé ces paroles le frappait de stupeur. C'était le comble de l'impudence, ou c'était le cri d'une conscience pure.

— Qui me l'a dit? reprit le jeune homme.

— Oui, je vous le demande.

— C'est ma sœur elle-même, Monsieur.

— Eh bien ! Monsieur, votre sœur....

— Vous alliez dire? s'écria Philippe avec un geste menaçant.

— J'allais dire, Monsieur, que vous me donnez, en vérité, de vous et de votre sœur une bien triste idée. C'est la plus laide spéculation du monde, savez-vous, que celle que font certaines femmes sur leur déshonneur. Or, vous êtes venu, la menace à la bouche, comme les frères barbus de la comédie italienne, pour me forcer, l'épée à la main, ou à épouser votre sœur, ce qui prouve qu'elle a grand besoin d'un mari, ou à vous donner de l'argent, parce que vous savez que je fais de l'or. Eh bien, Monsieur, vous vous êtes trompé sur les deux points : vous n'aurez point d'argent, et votre sœur restera fille.

— Alors j'aurai de vous le sang que

vous avez dans les veines, s'écria Philippe, si toutefois vous en avez.

— Non, pas même cela, Monsieur.

— Comment?

— Le sang que j'ai, je le garde, et j'avais pour le répandre, si j'eusse voulu, une occasion plus sérieuse que celle dont vous me faites l'offre. Ainsi, Monsieur, faites-moi la grâce de vous en retourner tranquillement, et si vous faites du bruit, comme ce bruit me fera mal à la tête, j'appellerai Fritz; Fritz viendra, et, sur un signe que je ferai, il vous brisera en deux comme un roseau. Allez.

Cette fois, Balsamo sonna, et comme Philippe voulait l'en empêcher, il ouvrit un coffre d'ébène posé sur le guéridon, prit dans ce coffre un pistolet à deux coups qu'il arma.

— Eh bien, j'aime mieux cela, s'écria Philippe, tuez-moi!

— Pourquoi vous tuerais-je?

— Parce que vous m'avez déshonoré.

Le jeune homme prononça à son tour ces paroles avec un tel accent de vérité, que Balsamo, le regardant d'un œil plein de douceur :

— Serait-il donc possible, dit-il, que vous fussiez de bonne foi?

— Vous en doutez? vous doutez de la parole d'un gentilhomme?

— Et, continua Balsamo, que mademoiselle de Taverney eût seule conçu l'indigne idée, qu'elle vous eût poussé en avant, je veux l'admettre : je vais donc vous donner une satisfaction. Je vous jure sur l'honneur que ma conduite envers mademoiselle votre sœur, dans la nuit du 31 mai, est irréprochable ; que ni point d'honneur, ni tribunal humain, ni justice divine, ne peuvent trouver quoi que ce soit de contraire à la plus parfaite prud'-homie ; me croyez-vous ?

— Monsieur ! fit le jeune homme étonné.

— Vous savez que je ne crains pas un duel, cela se lit dans les yeux, n'est-ce pas ? Quant à ma faiblesse, ne vous y trompez pas, elle n'est qu'apparente. J'ai peu de sang au visage, c'est vrai, mais mes muscles n'ont rien perdu de leur force. En voulez-vous une preuve? tenez...

Et Balsamo souleva d'une seule main, et sans effort, un énorme vase de bronze, posé sur un meuble de Boule.

— Eh bien, soit, Monsieur, dit Philippe, je vous crois, quant au 31 mai; mais c'est un subterfuge que vous employez, vous mettez votre parole sous la garantie d'une erreur de date. Depuis, vous avez revu ma sœur!

Balsamo hésita à son tour.

— C'est vrai, dit-il, je l'ai revue.

Et son front, éclairci un instant, s'assombrit d'une façon terrible.

— Ah ! vous voyez bien ! dit Philippe.

— Eh bien ! que j'aie revu votre sœur, qu'est-ce que cela prouve contre moi ?

— Cela prouve que vous l'avez plongée dans ce sommeil inexplicable dont trois fois déjà, à votre approche, elle a senti les atteintes, et que vous avez abusé de cette insensibilité pour obtenir le secret du crime.

— Encore une fois, qui dit cela? s'écria à son tour Balsamo.

— Ma sœur !

— Comment le sait-elle, puisqu'elle dormait?

— Ah! vous avouez donc l'avoir endormie?

— Il y a plus, Monsieur, j'avoue l'avoir endormie moi-même.

— Endormie?

— Oui.

— Et dans quel but, si ce n'est pour la déshonorer?

— Dans quel but, hélas! dit Balsamo, laissant retomber sa tête sur sa poitrine.

— Parlez, parlez donc.

— Dans le but, Monsieur, de lui faire révéler un secret qui m'était plus précieux que la vie.

— Oh! ruse, subterfuge!

— Et c'est dans cette nuit, continua Balsamo, suivant sa pensée bien plutôt qu'il ne répondait à l'interrogation injurieuse de Philippe, c'est dans cette nuit que votre sœur ?...

— A été déshonorée, oui, Monsieur.

— Déshonorée ?

— Ma sœur est mère !

Balsamo poussa un cri.

— Oh ! c'est vrai, c'est vrai, dit-il, je me rappelle; je suis parti sans la réveiller.

— Vous avouez, vous avouez, s'écria Philippe.

— Oui, et quelque infâme pendant cette nuit terrible; oh! terrible pour nous tous, Monsieur, quelque infâme aura profité de son sommeil.

— Ah! voulez-vous me railler, Monsieur?

— Non, je veux vous convaincre.

— Ce sera difficile.

— Où se trouve en ce moment votre sœur?

— Là, où vous l'avez si bien découverte.

— A Trianon?

— Oui.

— Je vais à Trianon avec vous, Monsieur.

Philippe demeura immobile d'étonnement.

— J'ai commis une faute, Monsieur, dit Balsamo, mais je suis pur de tout crime; j'ai laissé cette enfant dans le sommeil magnétique. Eh bien, en compensation de cette faute, qu'il est juste de me pardonner, je vous apprendrai, moi, le nom du coupable.

— Dites-le, dites-le?

— Je ne le sais pas, moi, dit Balsamo.

— Qui donc le sait, alors?

— Votre sœur.

— Mais elle a refusé de me le dire.

— Peut-être ; mais elle me le dira à moi.

— Ma sœur ?

— Si votre sœur accuse quelqu'un, la croirez-vous ?

— Oui, car ma sœur c'est l'ange de la pureté.

Balsamo sonna.

— Fritz, un carrosse, dit-il en voyant apparaître l'Allemand.

Philippe arpentait le salon comme un fou.

— Le coupable? disait-il, vous promettez de me faire connaître le coupable?

— Monsieur, dit Balsamo, votre épée a été brisée dans la lutte, voulez-vous me permettre de vous en offrir une autre?

Et il prit sur un fauteuil une magnifique épée à poignée de vermeil, qu'il passa dans la ceinture de Philippe.

— Mais vous? dit le jeune homme.

— Moi, monsieur, je n'ai pas besoin d'armes, répliqua Balsamo, ma défense est à Trianon, et mon défenseur, ce sera vous-même, quand votre sœur aura parlé.

Un quart-d'heure après, ils montaient en carrosse, et Fritz, au grand galop de deux excellents chevaux, les conduisait sur la route de Versailles.

IV

La route de Trianon.

Toutes ces courses et toute cette explication avaient pris du temps, de sorte qu'il était près de deux heures du matin, quand on sortit de la rue Saint-Claude.

On mit une heure un quart pour arriver

à Versailles, et dix minutes pour aller de Versailles à Trianon ; de sorte que ce ne fut qu'à trois heures et demie que les deux hommes furent rendus à leur destination.

Pendant la seconde partie de la route, déjà l'aube diaprait de sa teinte rosée les bois pleins de fraîcheur et les coteaux de Sèvres. Comme si un voile eût été lentement soulevé à leurs yeux, les étangs de Ville-d'Avray et ceux plus éloignés de Buc s'étaient illuminés pareils à des miroirs.

Puis étaient enfin apparus à leurs yeux les colonnades et les toits de Versailles, empourprés déjà par les rayons d'un soleil invisible encore.

De temps en temps, une vitre où se reflétait un rayon de flamme étincelait et trouait de sa lumière la teinte violacée du brouillard du matin.

En arrivant au bout de l'avenue qui conduit de Versailles à Trianon, Philippe avait fait arrêter la voiture ; et s'adressant à son compagnon, qui, pendant tout le voyage, avait gardé un morne silence :

— Monsieur, lui dit-il, force nous sera, j'en ai bien peur, d'attendre quelque temps ici. Les portes ne s'ouvrent pas à Trianon avant cinq heures du matin, et je craindrais, en forçant la consigne, que notre arrivée ne semblât suspecte aux surveillants et aux gardes.

Balsamo ne répondit rien, mais témoigna, par un mouvement de tête, qu'il acquiesçait à la proposition.

— D'ailleurs, monsieur, continua Philippe, ce retard me donnera le temps de vous faire part de quelques réflexions faites pendant mon voyage.

Balsamo leva sur Philippe un regard

vague tout chargé d'ennui et d'indifférence.

— Comme il vous plaira, monsieur, dit-il; parlez, je vous écoute.

— Vous m'avez dit, monsieur, reprit Philippe, que, pendant la nuit du 31 mai, vous aviez déposé ma sœur chez madame la marquise de Salverny?

— Vous vous en êtes assuré vous-même, monsieur, dit Balsamo, puisque vous avez fait une visite de remercîment à cette dame.

—Vous avez donc ajouté que, puisqu'un

domestique des écuries du roi vous avait accompagné de l'hôtel de la marquise chez nous, c'est-à-dire rue Coq-Héron, vous ne vous étiez point trouvé seul avec elle ; je vous ai cru sur la foi de votre honneur.

— Et vous avez bien fait, monsieur.

— Mais, en ramenant ma pensée sur des circonstances plus récentes, j'ai été forcé de me dire qu'il y a un mois, à Trianon, pour lui parler, cette nuit où vous avez trouvé moyen de vous glisser dans les jardins, vous avez dû entrer dans sa chambre?

— Je ne suis jamais entré à Trianon,

dans la chambre de votre sœur, monsieur.

— Écoutez, cependant!... Voyez-vous, avant que d'arriver en face d'Andrée, il faut que toutes choses soient claires.

— Éclaircissez les choses, monsieur le chevalier, je ne demande pas mieux, et nous sommes venus pour cela.

— Eh bien, ce soir-là, faites attention à votre réponse, car ce que je vais vous dire est positif, et je le tiens de la bouche même de ma sœur. Ce soir-là, dis-je, ma sœur s'était couchée de bonne heure;

c'est donc au lit que vous l'avez surprise?

Balsamo secoua la tête en signe de dénégation.

— Vous niez; prenez-y garde! dit Philippe.

— Je ne nie pas, monsieur; vous m'interrogez, je réponds.

— Eh bien, je continue d'interroger; continuez donc de répondre!

Balsamo ne s'irrita point, mais au contraire fit signe à Philippe qu'il attendait.

— Lorsque vous êtes monté chez ma sœur, continua Philippe s'animant de plus en plus, lorsque vous l'avez surprise et endormie par votre infernal pouvoir, Andrée était couchée : elle lisait; elle a senti l'invasion de cette torpeur que votre présence lui impose toujours, et elle a perdu connaissance. Or, vous dites que vous n'avez fait que de l'interroger; seulement, ajoutez-vous, vous êtes parti en oubliant de la réveiller, et cependant, ajouta Philippe en saisissant le poignet de Balsamo et en le serrant convulsivement, cependant, lorsqu'elle a repris ses sens, le lendemain, elle était, non plus dans son lit, mais au pied de son sofa, demi-nue... Répondez à cette accusation, monsieur, et ne tergiversez pas.

Pendant cette interpellation, Balsamo, pareil à un homme qu'on réveille lui-même, chassait une à une les noires idées qui assombrissaient son esprit.

— En vérité, monsieur, dit-il, vous n'eussiez pas dû revenir sur ce sujet et me chercher ainsi une éternelle querelle. Je suis venu ici par condescendance et par intérêt pour vous; il me semble que vous l'oubliez. Vous êtes jeune, vous êtes officier, vous avez l'habitude de parler haut en mettant la main sur un pommeau d'épée : tout cela vous fait raisonner faux en de graves circonstances. J'ai fait là-bas, chez moi, plus que je n'eusse dû faire pour vous convaincre et obtenir de vous un peu de repos. Vous recommencez, prenez-y garde ; car, si vous me fatiguez, je m'endormirai dans la profondeur de mes chagrins, auprès desquels les vôtres, je vous jure, sont des passe-temps folâtres ; et, quand je dors ainsi, monsieur, malheur à qui me réveille. — Je ne suis point entré dans la chambre de votre sœur, voilà tout ce que je puis vous dire ; c'est votre sœur qui, de son propre mouvement, auquel, je l'avoue, ma volonté avait une grande part, c'est votre sœur qui est venue me trouver au jardin.

Philippe fit un mouvement; mais Balsamo l'arrêta.

— Je vous ai promis une preuve, continua-t-il, je vous la donnerai. Est-ce tout de suite? Soit. Entrons à Trianon, plutôt que de perdre le temps à des inutilités. Préférez-vous attendre? attendons, mais en silence et sans commotion, s'il vous plaît.

Cela dit, et de l'air que nos lecteurs lui

connaissent, Balsamo éteignit l'éclair fugitif de son regard et se replongea dans sa méditation.

Philippe poussa un sourd rugissement, comme fait la bête farouche qui s'apprête à mordre; puis, changeant soudain d'attitude et de pensée:

— Avec cet homme, dit-il, il faut persuader ou dominer par une supériorité quelconque. Je n'ai pour l'heure aucun moyen de domination ou de persuasion; prenons patience.

Mais, comme il lui était impossible de

prendre patience près de Balsamo, il sauta en bas de la voiture et commença d'arpenter l'allée verdoyante dans laquelle le carrosse était arrêté.

Au bout de dix minutes, Philippe sentit qu'il lui était impossible d'attendre plus longtemps.

Il préféra donc se faire ouvrir la grille avant l'heure, au risque d'éveiller les soupçons.

— D'ailleurs, murmurait Philippe caressant une idée qui, plusieurs fois déjà, s'était présentée à son esprit, d'ailleurs, quels soupçons peut concevoir le suisse si je lui dis que la santé de ma sœur m'a inquiété à ce point d'aller à Paris chercher un médecin, et d'amener ce médecin ici dès le lever du soleil?

Adoptant cette idée, qui, par le désir qu'il avait de la mettre à exécution, avait peu à peu perdu tous ses dangers, il courut au carrosse.

— Oui, monsieur, dit-il, vous aviez raison, il est inutile d'attendre plus longtemps. Venez, venez...

Mais il fallut qu'il renouvelât cet avertissement ; à la seconde fois seulement, Balsamo se débarrassa de son manteau dans lequel il était enveloppé, ferma sa houppelande sombre à boutons d'acier bruni, et sortit du carrosse.

Philippe prit un sentier qui le conduisit à la grille du parc, avec toute l'économie des diagonales.

— Marchons vite, dit-il à Balsamo.

Et son pas devint en effet si rapide, que Balsamo eut peine à le suivre.

La grille s'ouvrit, Philippe donna son explication au suisse, les deux hommes passèrent.

Lorsque la grille fut refermée sur eux, Philippe s'arrêta encore une fois.

— Monsieur, dit-il, un dernier mot. Nous voici au terme, je ne sais quelle question vous allez poser à ma sœur ; épargnez-lui au moins le détail de l'horrible scène qui a pu se passer durant son sommeil. Épargnez la pureté de l'âme, puisque c'en est fait de la virginité du corps.

— Monsieur, répondit Balsamo, écoutez bien ceci : je ne suis jamais entré dans le parc plus loin que ces futaies que vous voyez là-bas, en face des bâtiments où loge votre sœur. Je n'ai, par conséquent, jamais pénétré dans la chambre de mademoiselle de Taverney, comme j'ai déjà eu l'honneur de vous le dire. Quant à la scène dont vous redoutez l'effet sur l'esprit de mademoiselle votre sœur, cet effet ne se produira que pour vous, et sur une personne endormie, attendu que dès à présent, dès ce pas que je fais, je vais ordonner à mademoiselle votre sœur de tomber dans le sommeil magnétique.

Balsamo fit une halte, croisa ses bras,

se tourna vers le pavillon qu'habitait Andrée, et demeura un instant immobile, les
sourcils froncés et avec l'expression de la
volonté toute-puissante étendue sur sa physionomie.

— Et tenez, dit-il, en laissant retomber
ses bras, mademoiselle Andrée doit être
endormie à cette heure.

La physionomie de Philippe exprima le
doute.

— Ah! vous ne me croyez pas, reprit
Balsamo; eh bien, attendez. Pour bien
vous prouver que je n'ai pas eu besoin

d'entrer chez elle, je vais lui commander, tout endormie qu'elle est, de venir nous trouver au bas des degrés, à l'endroit même où je lui parlai lors de notre dernière entrevue.

— Soit, dit Philippe ; quand je verrai cela, je croirai.

— Approchons-nous jusque dans cette allée, et attendons derrière la charmille.

Philippe et Balsamo allèrent prendre la place désignée.

Balsamo étendit la main vers l'appartement d'Andrée.

Mais il était à peine dans cette attitude qu'un léger bruit se fit entendre dans la charmille voisine.

— Un homme, dit Balsamo, prenons garde.

— Où cela? demanda Philippe, en cherchant des yeux celui que lui signalait le comte.

— Là, dans le taillis à gauche, dit celui-ci.

— Ah! oui, dit Philippe, c'est Gilbert, un ancien serviteur à nous.

— Avez-vous quelque chose à craindre de ce jeune homme?

— Non, je ne crois pas; mais n'importe, arrêtez, monsieur, si Gilbert est levé, d'autres peuvent être levés comme lui.

Pendant ce temps, Gilbert s'éloignait épouvanté, car en apercevant ensemble Philippe et Balsamo, il comprenait instinctivement qu'il était perdu.

— Eh bien, monsieur, demanda Balsamo, à quoi vous décidez-vous?

— Monsieur, dit Philippe, éprouvant

malgré lui l'espèce de charme magnétique que cet homme répandait autour de lui, monsieur, si réellement votre pouvoir est assez grand pour amener mademoiselle de Taverney jusqu'à nous, manifestez ce pouvoir par un signe quelconque, mais n'amenez pas ma sœur à un endroit découvert comme celui-ci, où le premier venu puisse entendre vos questions et ses réponses.

— Il était temps, dit Balsamo, saisissant le bras du jeune homme et lui montrant, à la fenêtre du corridor des communs, Andrée, blanche et sévère, qui sortait de sa chambre, et, obéissant à l'ordre de Balsamo, s'apprêtait à descendre l'escalier.

— Arrêtez-la, arrêtez-la, dit Philippe éperdu et stupéfait à la fois.

— Soit, dit Balsamo.

Le comte étendit le bras dans la direction de mademoiselle de Taverney, qui s'arrêta aussitôt.

Puis, comme la statue qui marche au festin de Pierre, après une halte d'un instant, elle fit volte-face et rentra dans sa chambre.

Philippe se précipita derrière elle :
Balsamo le suivit.

Philippe entra presque en même temps
qu'Andrée dans la chambre; et saisissant
la jeune fille dans ses bras, il la fit asseoir.

Quelques instants après Philippe, Balsamo entra et ferma la porte derrière lui.

Mais, si rapide qu'eût été l'intervalle qui
séparait ces entrées, un troisième personnage avait eu le temps de se glisser entre
les deux hommes et de pénétrer dans le
cabinet de Nicole, où il s'était caché, com-

prenant que sa vie allait dépendre de cet entretien.

Ce troisième personnage, c'était Gilbert.

V

Révélation.

Balsamo ferma la porte derrière lui, et, apparaissant sur le seuil au moment où Philippe contemplait sa sœur avec une terreur mêlée de curiosité :

— Êtes-vous prêt, chevalier? demanda-t-il.

— Oui, monsieur, oui, balbutia Philippe tout tremblant.

— Nous pouvons donc commencer à interroger votre sœur?

— S'il vous plaît, dit Philippe en essayant de soulever avec sa respiration le poids qui écrasait sa poitrine.

— Mais, avant tout, dit Balsamo, regardez votre sœur.

— Je la vois, monsieur.

— Vous croyez bien qu'elle dort, n'est-ce pas ?

— Oui.

— Et que par conséquent elle n'a aucune conscience de ce qui se passe ici ?

Philippe ne répondit pas, il fit seulement un geste de doute.

Alors Balsamo alla au foyer, et alluma une bougie qu'il passa devant les yeux d'Andrée, sans que la flamme lui fît baisser la paupière.

— Oui, oui, elle dort, c'est visible, dit Philippe; mais de quel étrange sommeil, mon Dieu !

— Eh bien, je vais l'interroger, continua Balsamo; ou plutôt, vous avez manifesté la crainte que je n'adressasse à votre sœur quelque indiscrète question, interrogez vous-même, chevalier.

— Mais je lui ai parlé, mais je l'ai touchée tout à l'heure : elle n'a point paru m'entendre, elle n'a point paru me sentir.

— C'est que vous n'étiez pas en rapport avec elle ; je vais vous y mettre.

Et Balsamo prit la main de Philippe et la mit dans celle d'Andrée.

Aussitôt la jeune fille sourit et murmura :

— Ah ! c'est toi, mon frère ?

— Vous voyez, dit Balsamo, elle vous reconnaît maintenant.

— Oui ; c'est étrange.

— Interrogez, elle répondra.

— Mais, si elle ne se souvenait pas éveillée, comment se souviendra-t-elle endormie ?

— C'est un des mystères de la science.

Et Balsamo poussant un soupir alla dans un coin s'asseoir sur un fauteuil.

Philippe restait immobile, sa main dans la main d'Andrée. Comment allait-il commencer ses interrogations, dont le résultat serait pour lui la certitude de son déshonneur et la révélation d'un coupable, à qui peut-être sa vengeance ne pourrait s'adresser ?

Quant à Andrée, elle était dans un calme voisin de l'extase, et sa physionomie indiquait plutôt la quiétude que tout autre sentiment.

Tout frémissant, il obéit néanmoins au coup d'œil expressif de Balsamo qui lui disait de se préparer.

Mais, à mesure qu'il pensait à son malheur, à mesure que son visage s'assombrissait, celui d'Andrée se couvrait d'un nuage, et ce fut elle qui commença par lui dire :

— Oui, tu as raison, frère, c'est un grand malheur pour la famille.

Andrée traduisait ainsi la pensée qu'elle lisait dans l'esprit de son frère.

Philippe ne s'attendait pas à ce début; il tressaillit.

— Quel malheur? demanda-t-il sans trop savoir ce qu'il répondait.

— Ah! tu le sais bien, mon frère.

— Forcez-la de parler, monsieur, elle parlera.

— Comment puis-je la forcer ?

— Veuillez qu'elle parle, voilà tout.

Philippe regarda sa sœur en formulant une volonté intérieure.

Andrée rougit.

— Oh ! dit la jeune fille, comme c'est mal à toi, Philippe, de croire qu'Andrée t'a trompé.

— Tu n'aimes donc personne? demanda Philippe.

— Personne.

— Alors ce n'est pas un complice, c'est un coupable qu'il me faut punir.

— Je ne vous comprends pas, mon frère.

Philippe regarda le comte comme pour lui demander avis.

— Pressez-la, dit Balsamo.

— Que je la presse?

— Oui, interrogez franchement.

— Sans respect pour la pudeur de cette enfant?

— Oh! soyez tranquille, à son réveil, elle ne se souviendra de rien.

— Mais pourra-t-elle répondre à mes questions?

— Voyez-vous bien? demanda Balsamo à Andrée.

Andrée tressaillit au son de cette voix; elle tourna son regard sans rayon du côté de Balsamo.

— Moins bien, dit-elle, que si c'était vous qui m'interrogeassiez; mais cependant j'y vois.

— Eh bien, demanda Philippe, si tu y vois, ma sœur, raconte-moi en détail cette nuit de ton évanouissement.

— Ne commencez-vous point par la nuit du 31 mai, monsieur? vos soupçons remontaient à cette nuit, ce me semble.

Le moment est venu de tout éclaircir à la fois.

— Non, monsieur, répondit Philippe, c'est inutile, et, depuis un instant, je crois à votre parole. Celui qui dispose d'un pouvoir tel que le vôtre n'en use pas pour arriver à un but vulgaire. — Ma sœur, répéta Philippe, racontez-moi tout ce qui s'est passé dans cette nuit de votre évanouissement.

— Je ne me rappelle pas, dit Andrée.

— Vous entendez, monsieur le comte?

— Il faut qu'elle se rappelle, il faut qu'elle parle; ordonnez-le-lui.

— Mais si elle était dans le sommeil?

— L'âme veillait.

Alors il se leva, étendit la main vers Andrée, et avec un froncement de sourcils qui indiquait un redoublement de volonté et d'action :

— Souvenez-vous, dit-il, je le veux.

— Je me souviens, dit Andrée.

— Oh! fit Philippe, essuyant son front.

— Que voulez-vous savoir?

— Tout!

— A partir de quel moment?

— A partir du moment où vous vous êtes couchée.

— Vous voyez-vous vous-même? demanda Balsamo.

— Oui, je me vois; je tiens à la main le verre préparé par Nicole... Oh! mon Dieu!

— Quoi? qu'y a-t-il?

— Oh! la misérable!

— Parle, ma sœur, parle.

— Ce verre contient un breuvage préparé; si je le bois, je suis perdue.

— Un breuvage préparé, s'écria Philippe, dans quel but?

— Attends! attends!

— D'abord le breuvage.

— J'allais le porter à mes lèvres ; mais... en ce moment...

— Eh bien ?

— Le comte m'appela.

— Quel comte ?

— Lui, dit Andrée étendant sa main vers Balsamo.

— Et alors ?

— Alors, je reposai le verre et je m'endormis.

— Après, après? demanda Philippe.

— Je me levai et j'allai le rejoindre.

— Où était le comte?

— Sous les tilleuls, en face de ma fenêtre.

— Et le comte n'est jamais entré chez vous, ma sœur?

— Jamais.

Un regard de Balsamo adressé à Philippe, lui dit clairement :

— Vous voyez si je vous trompais, monsieur ?

— Et vous dites que vous allâtes rejoindre le comte ?

— Oui, je lui obéis quand il m'appelle.

— Que vous voulait le comte ?

Andrée hésita.

— Dites, dites, s'écria Balsamo, — je n'écouterai pas.

Et il retomba sur son fauteuil en ensevelissant sa tête dans ses mains, comme pour empêcher le bruit de la parole d'Andrée de venir jusqu'à lui.

— Dites, que vous voulait le comte? répéta Philippe.

— Il voulait me demander des nouvelles.....

Elle s'arrêta de nouveau; on eût dit qu'elle craignait de briser le cœur du comte.

— Continuez, ma sœur, continuez, dit Philippe.

— D'une personne qui s'était évadée de sa maison, et — Andrée baissa la voix, — et qui est morte depuis.

Si bas qu'Andrée eût prononcé ces paroles, Balsamo les entendit ou les devina, car il poussa un sombre gémissement.

Philippe s'arrêta ; il y eut un moment de silence.

— Continuez, continuez, dit Balsamo, votre frère veut tout savoir, mademoiselle; il faut que votre frère sache tout. Après que cet homme eut reçu les renseignements qu'il désirait, que fit-il?

— Il s'enfuit, dit Andrée.

— Vous laissant dans le jardin? demanda Philippe.

— Oui.

— Que fîtes-vous alors?

— Comme il s'éloignait de moi, comme la force qui me soutenait s'éloigna avec lui, je tombai.

— Évanouie?

— Non, toujours endormie, mais d'un sommeil de plomb.

— Pouvez-vous rappeler ce qui vous arriva pendant ce sommeil?

— Je tâcherai.

— Eh bien! qu'est-il arrivé, dites?

— Un homme est sorti d'un buisson, m'a prise dans ses bras et m'a apportée.

— Où cela?

— Ici, dans mon appartement.

— Ah!... et cet homme, le voyez-vous?

— Attendez....., oui..... oui..... Oh! continua Andrée avec un sentiment de dégoût et de malaise; oh! c'est encore ce petit Gilbert!

— Gilbert?

— Oui.

— Que fit-il?

— Il me déposa sur ce sofa.

— Après?

— Attendez.

— Voyez, voyez, dit Balsamo, je veux que vous voyiez.

— Il écoute... : il va dans l'autre chambre... ; il recule comme effrayé... ; il entre dans le cabinet de Nicole... Mon Dieu! Mon Dieu!

— Quoi?

— Un homme le suit; et moi, moi qui ne peux pas me lever, me défendre, crier, moi qui dors!

— Quel est cet homme?

— Mon frère! mon frère!

Et le visage d'Andrée exprima la plus profonde douleur.

— Dites quel est cet homme, ordonna Balsamo, je le veux !

— Le roi, murmura Andrée, c'est le roi.

Philippe frissonna.

— Ah ! murmura Balsamo, je m'en doutais.

— Il s'approche de moi, continua Andrée, il me parle, il me prend dans ses bras, il m'embrasse. Oh! mon frère! mon frère!

De grosses larmes roulaient dans les yeux de Philippe, tandis que sa main étreignait la poignée de l'épée que lui avait donnée Balsamo.

— Parlez! parlez! continua le comte d'un ton de plus en plus impératif.

— Oh! quel bonheur! il se trouble... il s'arrête... il me regarde... il a peur... il fuit... Andrée est sauvée!

Philippe aspirait, haletant, chaque parole qui sortait de la bouche de sa sœur.

— Sauvée! Andrée est sauvée! répéta-t-il machinalement.

— Attends, mon frère, attends!

Et la jeune fille, comme pour se soutenir, cherchait l'appui du bras de Philippe.

— Après! après! demanda Philippe.

— J'avais oublié.

— Quoi?

— Là, là, dans le cabinet de Nicole, un couteau à la main.

— Un couteau à la main?

— Je le vois, il est pâle comme la mort.

— Qui?

— Gilbert.

Philippe retenait son haleine.

— Il suit le roi, continua Andrée; il ferme la porte derrière lui; il met le pied sur la bougie qui brûlait le tapis; il s'avance vers moi. Oh!

La jeune fille se dressa dans les bras de son frère. Chaque muscle de son corps raidi, comme s'il eût été près de se rompre.

— Oh! le misérable, dit-elle enfin.

Et elle retomba sans force.

— Mon Dieu! dit Philippe n'osant interrompre.

— C'est lui, c'est lui, murmura la jeune fille.

Puis se dressant jusqu'à l'oreille de son frère, l'œil étincelant et la voix frémissante :

— Tu le tueras, n'est-ce pas, Philippe ?

— Ah ! oui, s'écria le jeune homme en bondissant.

Et il rencontra derrière lui un guéridon chargé de porcelaines qu'il renversa.

Les porcelaines se brisèrent.

Au bruit de cette chute se mêla un bruit sourd et une commotion soudaine des cloisons, puis un cri d'Andrée qui domina le tout.

— Qu'est cela? dit Balsamo, une porte s'est ouverte?

— Nous écoutait-on? s'écria Philippe en mettant l'épée à la main.

— C'était lui, dit Andrée; encore lui.

— Mais qui donc, lui?

— Gilbert, Gilbert, toujours. Ah! tu le tueras, n'est-ce pas, Philippe, tu le tueras?

— Oh! oui, oui, oui, s'écria le jeune homme.

Et il s'élança dans l'antichambre, l'épée à la main, tandis qu'Andrée était retombée sur le sofa.

Balsamo s'élança après le jeune homme et le retint par le bras.

— Prenez garde, monsieur, dit-il, ce qui est secret deviendrait public; il fait jour et l'écho des maisons royales est bruyant.

— Oh! Gilbert, Gilbert, murmurait

Philippe; et il était caché là, il nous entendait, je pouvais le tuer. Oh! malheur sur le misérable.

— Oui, mais silence; vous retrouverez ce jeune homme; c'est de votre sœur qu'il faut vous occuper, monsieur. Vous le voyez, elle commence à être fatiguée de tant d'émotions.

— Oh! oui, je comprends ce qu'elle souffre, par ce que je souffre moi-même; ce malheur est si affreux, si peu réparable! Oh! monsieur, monsieur, j'en mourrai!

— Vous vivrez pour elle, au contraire,

chevalier ; car elle a besoin de vous, n'ayant que vous : aimez-la, plaignez-la, conservez-la. — Et maintenant, continua-t-il après quelques secondes de silence, vous n'avez plus besoin de moi, n'est-ce pas? dit-il.

— Non, monsieur; pardonnez-moi mes soupçons, pardonnez-moi mes offenses; et cependant tout le mal vient de vous, monsieur.

— Je ne m'excuse point, chevalier, mais vous oubliez ce qu'a dit votre sœur...

— Qu'a-t-elle dit? ma tête se perd.

— Si je ne fusse pas venu, elle buvait le breuvage préparé par Nicole, et alors c'était le roi. Eussiez-vous trouvé le malheur moins grand?

— Non, monsieur, il eût été égal toujours; et, je le vois bien, nous étions condamnés. — Réveillez ma sœur, monsieur.

— Mais elle me verra, mais elle comprendra peut-être ce qui s'est passé; mieux vaut que je la réveille comme je l'ai endormie, à distance.

— Merci! merci!

— Alors, à mon tour, adieu, monsieur.

— Un mot encore, comte. Vous êtes homme d'honneur?

— Oh! le secret, voulez-vous dire?

— Comte....

— C'est une recommandation inutile, monsieur; d'abord, parce que je suis homme d'honneur; ensuite, parce que décidé à ne plus avoir rien de commun avec les hommes, je vais oublier les hommes et leurs secrets; toutefois, monsieur, comptez sur moi si je puis jamais vous être utile. Mais non, mais non, je ne suis plus utile à rien, je ne vaux plus rien sur la terre. Adieu, monsieur, adieu.

Et s'inclinant devant Philippe, Balsamo regarda encore une fois Andrée, dont la tête penchait en arrière avec tous les symptômes de la douleur et de la lassitude.

— O science, murmura-t-il, que de victimes pour un résultat sans valeur!

Il disparut.

A mesure qu'il s'éloignait, Andrée se ranima; elle souleva sa tête pesante comme si elle eût été de plomb, et, regardant son frère avec des yeux étonnés :

— Oh! Philippe, murmura-t-elle, que vient-il donc de se passer?

Philippe comprima le sanglot qui l'étouffait, et souriant avec héroïsme :

— Rien, ma sœur, dit-il.

— Rien?

— Non.

— Et cependant, il me semble que j'ai été folle et que j'ai rêvé !

— Rêvé? et qu'as-tu rêvé, chère et bonne Andrée?

— Oh! le docteur Louis, le docteur Louis, mon frère!

— Andrée! s'écria Philippe en lui serrant la main, Andrée! tu es pure comme la lumière du jour; mais tout t'accuse, tout te perd; un secret terrible nous est imposé à tous deux. Je vais aller trouver le docteur Louis, pour qu'il dise à Madame la Dauphine que tu es atteinte de ce mal inexorable du pays, que le séjour seul de Taverney peut te guérir, et puis nous partirons, soit pour Taverney, soit pour quelque autre lieu du monde; puis, tous deux isolés ici bas, nous aimant, nous consolant...

— Mais cependant mon frère, dit Andrée, si je suis pure comme tu dis?...

— Chère Andrée, je t'expliquerai tout cela; en attendant, prépare-toi au départ.

— Mais, mon père ?

— Mon père, dit Philippe d'un air sombre, mon père, cela me regarde, je le préparerai.

— Il nous accompagnera donc?

— Mon père, oh! impossible, impossible : nous deux, Andrée, nous deux seuls, te dis-je.

— Oh! que tu m'effraies, ami; que tu m'épouvantes, mon frère; que je souffre, Philippe!

— Dieu est au bout de tout, Andrée, dit le jeune homme; ainsi donc, du courage : je cours trouver le docteur ; toi, Andrée, toi, ce qui te rend malade, c'est le chagrin d'avoir quitté Taverney, chagrin que tu cachais pour madame la Dauphine. Allons, allons, sois forte, ma sœur ; il y va de notre honneur à tous deux.

Et Philippe se hâta d'embrasser sa sœur, car il suffoquait.

Puis il ramassa son épée, qu'il avait laissé tomber, la remit au fourreau d'une main tremblante, et s'élança dans l'escalier.

Un quart d'heure après, il frappait à la

porte du docteur Louis, qui, tout le temps que la cour habitait Trianon, habitait Versailles.

VI

Le petit jardin du docteur Louis.

Le docteur Louis, à la porte duquel nous avons laissé Philippe, se promenait dans un petit jardin enterré entre quatre grands murs et qui faisait partie des dépendances d'un vieux couvent d'Ursulines, transformé en un magasin de fourrage pour messieurs les dragons de la maison du roi.

Le docteur Louis lisait, en marchant, les épreuves d'un nouvel ouvrage qu'il était en train de faire imprimer, et se baissait de temps en temps pour arracher de l'allée dans laquelle il se promenait, ou des plates-bandes qui s'allongeaient à sa droite et à sa gauche, les mauvaises herbes qui choquaient son instinct de symétrie et d'ordre.

Une seule servante un peu bourrue, comme tout domestique d'un homme de travail qui ne veut pas être dérangé, tenait toute la maison du docteur.

Au bruit que fit le marteau de bronze résonnant sous la main de Philippe, elle s'approcha de la porte et l'entrebâilla.

Mais le jeune homme, au lieu de parlementer avec la servante, poussa la porte et entra. Une fois maître de l'allée, il aperçut le jardin, et dans le jardin le docteur.

Alors sans faire attention aux allocutions et aux cris de la vigilante gardienne, il s'élança dans le jardin.

Au bruit de ses pas, le docteur leva la tête.

— Ah! ah! dit-il, c'est vous.

— Pardonnez-moi, docteur, d'avoir ainsi forcé votre porte et troublé votre solitude; mais le moment que vous avez prévu est arrivé; j'ai besoin de vous et je viens réclamer votre assistance.

— Je vous l'ai promise, monsieur, dit le docteur, et je vous la promets.

Philippe s'inclina, trop ému pour entamer de lui-même la conversation.

Le docteur Louis comprit son hésitation.

— Comment se porte la malade ? demanda-t-il, inquiet de cette pâleur de Philippe, et craignant quelque catastrophe à l'issue de ce drame.

— Fort bien, Dieu merci, docteur, et ma sœur est une si digne et si honnête jeune fille, qu'en vérité Dieu ne serait pas juste s'il lui envoyait la souffrance et le danger.

Le docteur regarda Philippe, comme pour l'interroger ; ses paroles lui semblaient une suite des dénégations de la veille.

— Alors, dit-il, elle a donc été victime de quelque surprise ou de quelque piége?

— Oui, docteur, victime d'une surprise inouïe, victime d'un piége infâme.

Le praticien joignit les mains et leva les yeux au ciel.

— Hélas! dit-il, nous vivons, sous ce rapport, dans un horrible temps, et je crois qu'il est urgent que viennent à leur tour les médecins des nations, comme sont venus depuis longtemps ceux des individus.

— Oui, dit Philippe, oui, qu'ils viennent ; nul ne les verra venir d'un air plus joyeux que moi ; mais en attendant...

Et Philippe fit un geste de sombre menace.

— Ah ! dit le docteur, vous êtes, je le vois, monsieur, de ceux qui font consister la réparation du crime dans la violence et dans le meurtre.

— Oui, docteur, répondit tranquillement Philippe, oui, je suis de ceux-là.

— Un duel, soupira le docteur ; un duel qui ne rendra pas l'honneur à votre sœur, au cas où vous tuerez le coupable, et qui la plongera dans le désespoir si vous êtes tué. Ah! monsieur, je vous croyais un esprit droit, je vous croyais un cœur intelligent; il me semblait vous avoir entendu exprimer le désir que sur toute cette affaire le secret fût gardé.

Philippe posa sa main sur le bras du docteur.

— Monsieur, lui dit-il, vous vous trompez étrangement sur moi; j'ai un raisonnement assez ferme, qui naît d'une conviction profonde et d'une conscience immaculée; je veux, non pas me faire justice, mais faire justice; je veux, non pas exposer ma sœur à l'abandon et à la mort en me faisant tuer, mais la venger en tuant le misérable.

— Vous le tuerez, vous, gentilhomme, vous commettrez un assassinat!

— Monsieur, si je l'eusse vu, dix minutes avant le crime, se glisser comme un larron dans cette chambre, où sa misérable condition ne lui donnait pas le droit de mettre le pied, et que je l'eusse tué alors, chacun eût dit que j'avais bien fait: pourquoi donc l'épargnerais-je maintenant? Le crime l'a-t-il fait sacré?

— Ainsi, ce projet sanglant est résolu dans votre esprit, arrêté dans votre cœur?

— Arrêté, résolu! je le trouverai certainement un jour, bien qu'il se cache, et ce jour, je vous le dis, monsieur, sans pitié, sans remords, je le tuerai comme un chien?

— Alors, fit le docteur Louis, alors vous

commettrez un crime égal à celui qui fut commis, un crime plus odieux peut-être; car sait-on jamais où un mot imprudent, où un geste de coquetterie échappé à une femme, peuvent jeter le désir et le penchant de l'homme; assassiner! quand vous avez d'autres réparations possibles, quand un mariage...

Philippe releva la tête.

— Ignorez-vous, monsieur, que les Taverney Maison-Rouge datent des croisades, et que ma sœur est noble comme une infante ou une archiduchesse?

— Oui, je comprends, et le coupable ne l'est pas, lui ; c'est un manant, un vilain, comme vous dites vous autres gens de la race. Oui, oui, continua-t-il avec un sourire amer, oui, c'est vrai, Dieu a fait des hommes d'une certaine argile inférieure, pour être tués par d'autres hommes d'une argile plus délicate ; oh ! oui, vous avez raison, tuez, monsieur, tuez.

Et le docteur tourna le dos à Philippe, et se remit à arracher çà et là les mauvaises herbes de son jardin.

Philippe croisa les bras.

— Docteur, écoutez-moi, dit-il, il ne s'agit pas ici d'un séducteur à qui une coquette a donné plus ou moins d'encouragements : il ne s'agit point d'un homme enfin provoqué, comme vous disiez, il s'agit d'un misérable élevé chez nous, et qui, après avoir mangé le pain de la pitié, la nuit, abusant d'un sommeil factice, d'un évanouissement, d'une mort, pour ainsi dire, a souillé traîtreusement, lâchement, la plus sainte et la plus pure des femmes, que pendant la lumière du jour, il n'osait regarder en face ; devant un tribunal, ce coupable serait certainement condamné à mort ; eh bien ! je le jugerai, moi, aussi impartialement qu'un tribunal, et je le tuerai ; maintenant, docteur, allez-vous, vous que j'ai cru si généreux et si grand, allez-vous me faire acheter ce service ou m'imposer une condition? En me le rendant, ferez-vous comme ceux qui cherchent à s'obliger et à se satisfaire, en obligeant autrui? S'il en est ainsi, docteur, vous n'êtes point ce sage que j'ai admiré, vous n'êtes qu'un homme ordinaire, et, malgré le dédain que vous me témoigniez tout à l'heure, je suis supérieur à vous, moi qui, sans arrière-pensée, vous ai confié mon secret tout entier.

— Vous dites, répliqua le docteur pensif, vous dites que le coupable a fui?

— Oui, docteur; sans doute il avait deviné que l'éclaircissement allait avoir lieu; il a entendu qu'on l'accusait, et aussitôt il a pris la fuite.

— Bien. Maintenant, que désirez-vous, monsieur? demanda le docteur.

— Votre assistance pour retirer ma sœur de Versailles, pour ensevelir dans une ombre encore plus épaisse et plus muette, le secret terrible qui nous déshonore, s'il éclate.

— Je ne vous poserai qu'une seule question.

Philippe se révolta.

— Écoutez-moi, continua le docteur avec un geste qui commandait le calme, écoutez-moi. Un philosophe chrétien, dont vous venez de faire un confesseur, est obligé de vous imposer, non pas la condition en faveur du service rendu, mais en vertu du droit de conscience. L'humanité est une fonction, monsieur, elle n'est pas une vertu; vous me parlez de tuer un homme; moi je dois vous en empêcher comme j'eusse empêché par tout moyen en mon pouvoir, par la violence même, l'exécution du crime commis sur votre sœur. Donc, monsieur, je vous adjure de me faire un serment.

— Oh! jamais! jamais!

— Vous le ferez, s'écria le docteur Louis avec véhémence, vous le ferez, homme de sang; reconnaissez partout la main de Dieu, et n'en faussez jamais le coup ni la portée. Le coupable, dites-vous, était sous votre main?

— Oui, docteur, en ouvrant une porte, si j'eusse pu deviner qu'il était là, je me fusse trouvé face à face avec lui.

— Eh bien! il a fui, il tremble, son supplice commence. Ah! vous souriez, ce que fait Dieu vous paraît faible! le remords vous semble insuffisant! attendez, attendez-donc! Vous resterez près de votre sœur, et vous me promettrez de ne jamais poursuivre le coupable. Si vous le rencontrez, c'est-à-dire si Dieu vous le livre, eh bien! je suis homme aussi, moi! alors vous verrez!

— Dérision, monsieur! ne me suivra-t-il point toujours?

— Qui sait, eh mon Dieu! l'assassin fuit, l'assassin cherche une retraite, l'assassin redoute l'échafaud, et pourtant, comme s'il était aimanté, le fer de la justice attire ce coupable, qui vient se courber fatalement sous la main du bourreau. D'ailleurs, s'agit-il, à présent, de défaire ce que vous avez entrepris de faire si péniblement? C'est pour le monde où vous vivez et à qui vous ne pouvez expliquer l'innocence de votre sœur, c'est pour tous ces curieux oisifs que vous tuerez l'homme et vous repaîtrez deux fois leur curiosité par l'aveu de l'attentat d'abord, puis par le scandale du châtiment. Non, non, croyez-moi, gardez le silence, ensevelissez ce malheur.

— Oh! qui saura quand j'aurai tué ce misérable, si c'est pour ma sœur que je l'aurai tué?

— Il faudra bien trouver une cause à ce meurtre.

— Eh bien! soit, docteur, j'obéirai, je ne poursuivrai pas le coupable, mais Dieu sera juste; oh! oui, Dieu emploie l'impunité comme amorce, Dieu me renverra le criminel.

— Alors, c'est que Dieu l'aura condamné. Donnez-moi votre main, monsieur.

— La voilà.

— Que faut-il faire pour mademoiselle de Taverney? dites.

— Il faudrait, cher docteur, lui trouver, près de madame la Dauphine, un prétexte de l'éloigner pour quelque temps : le regret du pays, l'air, le régime...

— C'est facile.

— Oui, cela vous regarde, et je m'en rapporte à vous. Alors j'emmènerai ma sœur en un coin quelconque de la France, à Taverney, par exemple, loin de tous les yeux, loin de tous les soupçons.

— Non, non, monsieur, ce serait impossible; la pauvre enfant a besoin de soins permanents, de consolations assidues ; elle aura besoin de tous les secours de la science. Laissez-moi donc lui trouver près d'ici, dans un canton que je connais, une retraite cent fois plus cachée, cent fois plus sûre que ne le serait le pays sauvage où vous la conduiriez.

— Oh ! docteur, vous croyez ?

— Oui, je crois, et avec raison. Le soupçon tend toujours à s'éloigner des centres, comme font ces cercles grandissant causés par la pierre qui tombe dans l'eau ; la pierre, cependant, ne s'éloigne pas, elle, et quand les ondulations se sont effacées, nul regard n'en trouve la cause, ensevelie qu'elle est sous la profondeur de l'eau.

— Alors, docteur, mettez-vous à l'œuvre.

— Dès aujourd'hui, monsieur.

— Prévenez madame la Dauphine.

— Ce matin même.

— Et pour le reste?...

— Dans vingt-quatre heures vous aurez ma réponse.

— Oh! merci, merci, docteur, vous êtes un dieu pour moi.

— Eh bien! jeune homme, maintenant que tout est convenu entre nous, accomplissez votre mission, retournez vers votre sœur, consolez-la, protégez-la.

— Adieu, docteur, adieu!

Et le docteur, après avoir suivi Philippe des yeux jusqu'à ce que le jeune homme eût disparu, reprit sa promenade, ses épreuves et l'épuration de son petit jardin.

VII

Le père et le fils.

Lorsque Philippe revint près de sa sœur, il la trouva bien agitée, bien inquiète.

— Ami, lui dit-elle, j'ai pensé en votre absence à tout ce qui m'est arrivé depuis quelque temps. C'est un abîme où va s'engloutir tout ce qui me reste de raison. Voyons, vous avez vu le docteur Louis?

— J'arrive de chez lui, Andrée.

— Cet homme a porté contre moi une accusation terrible: est-elle juste?

— Il ne s'était pas trompé, ma sœur.

Andrée pâlit, et un accès nerveux crispa ses doigts si effilés, si blancs.

— Le nom, dit-elle alors, le nom du lâche qui m'a perdue.

— Ma sœur, vous devez l'ignorer éternellement.

— Oh! Philippe, vous ne dites pas la vérité; Philippe, vous mentez à votre propre conscience... Ce nom, il faut que je le sache, afin que, toute faible que je suis, et n'ayant pour moi que la prière, je puisse, en priant, armer contre le criminel toute la colère de Dieu... Le nom de cet homme, Philippe!...

— Ma sœur, ne parlons jamais de cela.

Andrée lui saisit la main et le regarda en face :

— Oh! dit-elle, voilà ce que vous me répondez, vous, qui avez une épée au côté!

Philippe pâlit de ce mouvement de rage, et aussitôt, réprimant sa propre fureur :

— Andrée, dit-il, je ne puis vous apprendre ce que je ne sais pas moi-même. Le secret m'est commandé par le destin qui nous accable; ce secret, qu'un éclat compromettrait avec l'honneur de notre famille, une dernière faveur de Dieu le rend inviolable pour tous.

— Excepté pour un homme, Philippe...,

pour un homme qui rit, pour un homme qui nous brave!... ô mon Dieu! pour un homme qui rit infernalement de nous, peut-être, dans sa retraite ténébreuse.

Philippe serra les poings, regarda le ciel et ne répondit pas un mot.

— Cet homme, s'écria Andrée en redoublant de colère et d'indignation, je le connais peut-être, moi, cet homme... Enfin, Philippe, permettez-moi de vous le représenter; j'ai déjà indiqué ses étranges influences sur moi; je croyais vous avoir envoyé à lui...

— Cet homme est innocent, je l'ai vu, j'ai la preuve.... Ainsi, ne cherchez plus, Andrée, ne cherchez plus...

— Philippe, remontons ensemble plus haut que cet homme, voulez-vous.... Allons jusqu'aux premiers rangs des hommes puissants de ce royaume... Allons jusqu'au roi !

Philippe entoura de ses bras cette pauvre enfant, sublime dans son ignorance et son indignation...

— Va, dit-il, tous ceux que tu nommes éveillée, tu les a nommés endormie ; tous ceux que tu accuses avec la férocité de ta vertu, tu les a justifiés lorsque tu voyais le crime pour ainsi dire se commettre.

— Alors, j'ai nommé le coupable, dit-elle les yeux flamboyants.

— Non, répliqua Philippe, non. Ne m'interroge plus ; imite-moi, subis la destinée, le malheur est irréparable ; il se double pour toi de toute l'impunité du criminel. Mais espère, espère... Dieu est au-dessus de tout, Dieu réserve aux malheureux opprimés une triste joie qu'on appelle la vengeance.

— La vengeance!... murmura-t-elle effrayée elle-même de l'accentuation terrible que Philippe avait mise sur ce mot.

— En attendant, repose-toi, ma sœur, de tous les chagrins, de toutes les hontes que ma folle curiosité t'a causés. Si j'avais su! oh! si j'avais su!...

Et il cacha sa tête dans ses mains avec un désespoir affreux. Puis, se relevant soudain :

— De quoi me plaindrais-je? dit-il avec un sourire, ma sœur est pure, elle m'aime! jamais elle n'a trahi ni la confiance ni l'amitié. Ma sœur est jeune comme moi, bonne comme moi, nous vivrons ensemble, nous vieillirons ensemble... A deux, nous serons plus forts que le monde tout entier !...

A mesure que le jeune homme parlait de consolation, Andrée s'assombrissait; elle penchait vers la terre un front plus pâle, elle prenait l'attitude et le regard fixe du morne désespoir que Philippe venait de secouer si courageusement.

— Vous ne parlez jamais que de nous deux, dit-elle en attachant son œil bleu si pénétrant sur la physionomie mobile de son frère.

— De qui voulez-vous que je parle, Andrée? dit le jeune homme sentant le regard.

— Mais... nous avons un père... : comment traitera-t-il sa fille?

— Je vous ai dit hier, répondit froidement Philippe, d'oublier tout chagrin, toute crainte, de chasser, comme le vent chasse une vapeur matinale, tout souvenir et toute affection qui ne seraient pas mon affection et mon souvenir... En effet, ma chère Andrée, vous n'êtes aimée de personne en ce monde, si ce n'est de moi; je ne suis aimé de personne que de vous.

Pauvres orphelins abandonnés, pourquoi subirions-nous un joug de reconnaissance ou de parenté? avons-nous reçu des bienfaits, avons-nous senti la protection d'un père?... Oh! ajouta-t-il avec un amer sourire, vous savez à fond ma pensée, vous connaissez l'état de mon cœur... S'il fallait aimer celui dont vous parlez, je vous dirais : Aimez-le ! Je me tais, Andrée : abstenez-vous.

— Alors, mon frère... il faut donc que je croie...

— Ma sœur, dans les grandes infortunes, l'homme entend involontairement retentir ces mots peu compris de son enfance : « crains Dieu!... » Oh! oui, Dieu s'est cruellement rappelé à notre souvenir: respecte ton père... O ma sœur, la plus forte preuve de respect que vous puissiez donner au vôtre, c'est de l'effacer de votre souvenir.

— C'était vrai... murmura Andrée d'un air sombre en retombant sur son fauteuil.

— Mon amie, ne perdons pas le temps en paroles inutiles ; rassemblez tous les effets qui vous appartiennent ; le docteur Louis va trouver madame la Dauphine et la prévenir de votre départ. Les raisons qu'il aura alléguées, vous les savez... c'est le besoin d'un changement d'air, souffrance inexplicable... Apprêtez, dis-je, toutes choses pour le départ.

Andrée se leva.

— Les meubles ? dit-elle.

— Oh non ! non : linge, habits, bijoux.

Andrée obéit.

— Elle rangea tout d'abord les coffres des armoires, les habits de la garde-robe où s'était caché Gilbert; ensuite, elle prit quelques écrins qu'elle s'apprêtait à mettre dans le coffre principal.

— Qu'est cela?... dit Philippe.

— C'est l'écrin de la parure que Sa Majesté voulut bien m'envoyer, lors de ma présentation à Trianon.

Philippe pâlit en voyant la richesse du présent.

— Avec ces bijoux seuls, dit Andrée, nous vivrons partout honorablement. J'ai ouï dire que les perles seules valent cent mille livres.

Philippe referma l'écrin.

— Elles sont très-précieuses, en effet, dit-il.

Et, reprenant l'écrin des mains d'Andrée :

— Ma sœur, il y a encore d'autres pierreries, je crois ?

— Oh ! cher ami, elles ne sont pas dignes d'être comparées à celles-ci ; elles ornaient pourtant la toilette de notre bonne mère, il y a quinze ans... La montre, les bracelets, les pendants d'oreille sont enrichis de brillants. Il y a aussi le portrait. Mon père voulait vendre le tout, parce que, disait-il, rien n'était plus de mode.

— Voilà pourtant tout ce qui nous reste, dit Philippe, notre seule ressource. Ma sœur, nous ferons fondre les objets d'or, nous vendrons les pierreries du portrait; nous aurons de cela vingt mille livres, qui font une somme suffisante pour des malheureux.

— Mais..., cet écrin de perles est bien à moi! dit Andrée.

— Ne touchez jamais à ces perles, Andrée; elles vous brûleraient. Chacune de ces perles est d'une nature étrange, ma sœur...; elles font des taches sur les fronts qu'elles touchent...

Andrée frissonna.

— Je garde cet écrin, ma sœur, pour le rendre à qui de droit. Je vous le dis, ce n'est pas notre bien; non, et nous n'avons pas envie d'y rien prétendre, n'est-ce pas?

— Comme il vous plaira, mon frère, répliqua Andrée toute frissonnante de honte.

— Chère sœur, habillez-vous une dernière fois pour votre visite à madame la Dauphine; soyez bien calme, bien respectueuse, bien touchée de vous éloigner d'une aussi noble protectrice.

— Oh! oui, bien touchée, murmura Andrée avec émotion; c'est une grande douleur dans mon malheur.

— Moi, je vais à Paris, ma sœur, et je reviendrai vers ce soir; aussitôt arrivé, je vous emmènerai: payez ici tout ce qui vous reste à devoir.

— Rien, rien; j'avais Nicole, elle s'est enfuie... Ah! j'oubliais le petit Gilbert.

Philippe tressaillit; ses yeux s'allumèrent.

— Vous devez à Gilbert? s'écria-t-il.

— Oui, dit naturellement Andrée, il m'a fourni des fleurs depuis le commencement de la saison. Or, comme vous me l'avez dit vous-même, parfois je fus injuste et dure envers ce garçon, qui était poli après tout... Je le récompenserai autrement.

— Ne cherchez pas Gilbert, murmura Philippe.

— Pourquoi...? il doit être dans les jardins; je le ferai mander, d'ailleurs.

— Non! non! vous perdriez un temps précieux... Moi, au contraire, en traversant les allées, je le rencontrerai... je lui parlerai... je le paierai...

— Alors, c'est bien, s'il en est ainsi.

— Oui, adieu; à ce soir.

Philippe baisa la main de la jeune fille,

qui se jeta dans ses bras. Il comprima jusqu'aux battements de son cœur dans cette molle étreinte, et, sans tarder, il partit pour Paris, où le carrosse le déposa devant la porte du petit hôtel de la rue Coq-Héron.

Philippe savait bien rencontrer là son père. Le vieillard, depuis sa rupture étrange avec Richelieu, n'avait plus trouvé la vie supportable à Versailles, et il cherchait, comme tous les esprits surabondants d'activité, à tromper les torpeurs du moral par les agitations du déplacement.

Or, le baron, quand Philippe sonna au

guichet de la porte cochère, arpentait avec d'effroyables jurons le petit jardin de l'hôtel et la cour attenant à ce jardin.

Il tressaillit au bruit de la sonnette, et vint ouvrir lui-même.

Comme il n'attendait personne, cette visite imprévue lui apportait une espérance : le malheureux, dans sa chute, se rattrapait à toutes branches.

Il reçut donc Philippe avec le sentiment d'un dépit et d'une curiosité insaisissables.

Mais il n'eut pas plutôt regardé le visage de son interlocuteur, que cette sombre pâleur, cette raideur des lignes et la crispation de la bouche lui glacèrent la source de questions qu'il s'apprêtait à ouvrir.

— Vous! dit-il seulement, et par quel hasard?

— J'aurai l'honneur de vous expliquer cela, monsieur, dit Philippe.

— Bon! c'est grave?

— Assez grave, oui, monsieur.

— Ce garçon a toujours des façons cérémonieuses qui inquiètent... Est-ce un malheur, voyons, ou un bonheur que vous apportez?

— C'est un malheur, dit gravement Philippe.

Le baron chancela.

— Nous sommes bien seuls? demanda Philippe.

— Mais, oui.

— Voulez-vous que nous entrions dans la maison, monsieur?

— Pourquoi pas en plein air, sous ces arbres...

— Parce qu'il est de certaines choses qui ne se disent pas à la lumière des cieux.

Le baron regarda son fils, obéit à son geste muet, et tout en affectant l'impassibilité, le sourire même, il le suivit dans la alle basse dont déjà Philippe avait ouvert la porte.

Lorsque les portes furent soigneusement fermées, Philippe attendit un geste de son père pour commencer la conversation, et le baron s'étant assis commodément dans le meilleur fauteuil du salon :

— Monsieur, dit Philippe, ma sœur et moi nous allons prendre congé de vous.

— Comment cela? fit le baron très-surpris. Vous... vous absentez... et le service?

— Il n'y a plus de service pour moi : vous savez que les promesses faites par le roi n'ont pas été réalisées... heureusement.

— Voilà un heureusement que je ne comprends pas.

— Monsieur...

— Expliquez-le moi : comment pouvez-vous être heureux de n'être pas colonel d'un beau régiment ? Vous pousseriez loin la philosophie.

— Je la pousse assez loin pour ne pas préférer le déshonneur à la fortune, voilà tout. Mais n'entrons pas, s'il vous plaît, monsieur, dans des considérations de cet ordre...

— Entrons-y, pardieu !

— Je vous en supplie... répliqua Philippe avec une fermeté qui signifiait : je ne veux pas !

Le baron fronça le sourcil.

— Et votre sœur?... Oublie-t-elle ses devoirs aussi? Son service près de Madame...?

— Ce sont là des devoirs qu'elle doit subordonner à d'autres, monsieur.

— De quelle nature, s'il vous plaît?

— De la plus impérieuse nécessité.

Le baron se leva.

— C'est une sotte espèce, grommela-t-il, que l'espèce des faiseurs d'énigmes.

— Est-ce bien une énigme pour vous, tout ce que je dis-là ?

— Absolument, répondit le baron avec un aplomb qui étonna Philippe.

— Je m'expliquerai donc : ma sœur s'en va, parce qu'elle aussi est forcée de fuir pour éviter un déshonneur.

Le baron éclata de rire.

— Tudieu! les enfants modèles que j'ai là! s'écria-t-il. Le fils abandonne l'espoir d'un régiment, parce qu'il craint le déshonneur; la fille abandonne un tabouret tout acquis, parce qu'elle a peur du déshonneur. En vérité, me voilà revenu au temps de Brutus et de Lucrèce. De mon temps, mauvais temps sans doute, et il ne vaut pas les beaux jours de la philosophie, quand un homme voyait venir de loin un déshonneur, et qu'il portait, comme vous, une épée, et quand, comme vous, il avait pris des leçons de deux maîtres et de trois prévôts, il embrochait le premier déshonneur à la pointe de son épée.

Philippe haussa les épaules.

— Oui, c'est assez pauvre ce que je dis là, pour un philanthrope qui n'aime pas à voir couler le sang. Mais enfin, les officiers ne sont pas précisément nés pour être philanthropes.

— Monsieur, j'ai autant que vous la conscience des nécessités qu'impose le point d'honneur; mais ce n'est pas le sang versé qui rachète...

— Phrases!... phrases de... de philosophe, s'écria le vieillard irrité au point de devenir majestueux. Je crois que j'allais dire de poltron.

— Vous avez bien fait de ne pas le dire, répliqua Philippe pâle et frémissant.

Le baron soutint fièrement le regard implacable et menaçant de son fils.

— Je disais, reprit-il, et ma logique n'est pas mauvaise autant qu'on voudrait me le faire accroire; je disais que tout déshonneur en ce monde vient, non pas d'une action, mais d'un propos. Ah! c'est ainsi... Soyez criminel devant des sourds et devant des aveugles ou des muets, serez-vous déshonoré?... Vous allez me répondre par ce vers stupide :

Le crime fait la honte et non pas l'échafaud.

C'est bon à dire à des enfants ou à des

femmes, mais à un homme, mordieu! l'on parle un autre langage... Or, je me figurais, moi, avoir créé un homme... Maintenant, que l'aveugle voie, que le sourd ait pu entendre, que le muet parle, et vous frappez sur la garde de votre épée, et vous crevez les yeux à l'un, le tympan à l'autre, vous coupez la langue au dernier, voilà comment répond à l'attaque du déshonneur un gentilhomme du nom de Taverney-Maison-Rouge!

— Un gentilhomme de ce nom, monsieur, sait toujours, entre les choses qu'il a à faire, que la première c'est de ne pas commettre une action déshonorante : voilà pourquoi je ne répondrai pas à vos arguments. Seulement, il arrive parfois que l'opprobre est né d'un malheur inévitable c'est le cas où nous nous trouvons, ma sœur et moi.

— Je passe à votre sœur. Si, d'après mon système, l'homme ne doit jamais fuir une chose qu'il peut combattre et vaincre, la femme aussi doit attendre de pied ferme. A quoi sert la vertu, monsieur le philosophe, sinon à repousser les attaques du vice ? Où est le triomphe de cette même vertu, sinon dans la défaite du vice ?

Et Taverney se remit à rire.

— Mademoiselle de Taverney a eu bien peur, n'est-ce pas... Elle se sent donc faible... Alors...

Philippe se rapprochant tout à coup :

— Monsieur, dit-il, mademoiselle de Taverney n'a pas été faible, elle est vaincue ! elle a succombé, elle est tombée dans un piége...

— Dans un piége ?...

— Oui. Gardez, je vous prie, un peu de cette chaleur qui vous animait tout à l'heure pour flétrir ces misérables qui ont comploté lâchement la ruine de cet honneur sans tache.

— Je ne comprends pas...

— Vous allez comprendre... Un lâche vous dis-je, a introduit quelqu'un dans la chambre de mademoiselle de Taverney...

Le baron pâlit.

— Un lâche, continua Philippe, a voulu que le nom de Taverney... le mien... le vôtre, monsieur, fût souillé d'une tache indélébile... Voyons! où est votre épée de jeune homme, pour répandre un peu de sang! La chose en vaut-elle la peine?

— Monsieur Philippe...

— Ah! ne craignez rien; je n'accuse personne, moi; je ne connais personne... Le crime s'est tramé dans l'ombre, exécuté dans l'ombre...; le résultat disparaîtra dans l'ombre aussi, je le veux! moi, qui entends à ma mode la gloire de ma maison.

—Mais, comment savez-vous?... s'écria le baron revenu de sa stupeur par l'appât d'une infâme ambition, d'un ignoble espoir; à quel signe reconnaissez-vous?...

— C'est ce que ne demandera personne de ceux qui pourraient entrevoir ma sœur, votre fille, dans quelques mois, monsieur le baron!...

— Mais alors, Philippe, s'écria le vieillard avec des yeux pleins de joie, alors la fortune et la gloire de la maison ne sont pas évanouies; alors nous triomphons !

— Alors... vous êtes bien réellement l'homme que je pensais, dit Philippe avec un suprême dégoût; vous vous êtes trahi vous-même, et vous venez de manquer d'esprit devant un juge, après avoir manqué de cœur devant votre fils.

— Insolent !

— Assez! répliqua Philippe. Craignez d'éveiller, en parlant si haut, l'ombre, hélas! trop insensible, de ma mère, qui, si elle vivait, eût veillé sur sa fille.

Le baron baissa les paupières devant l'éblouissante clarté qui jaillissait des yeux de son fils.

— Ma fille, reprit-il après un moment, ne me quittera pas sans ma volonté.

— Ma sœur, dit Philippe, ne vous reverra jamais, mon père.

— Est-ce elle qui dit cela ?

— C'est elle qui m'envoie vous le déclarer.

Le baron essuya d'une main tremblante ses lèvres blanchies et humides.

— Soit! dit-il.

Puis, haussant les épaules :

— J'ai eu du malheur en enfants, s'écria-t-il, un sot et une brute.

Philippe ne répliqua rien.

— Bon, bon, continua Taverney, je n'ai plus besoin de vous; allez..., si la thèse est récitée.

— J'avais encore deux choses à vous dire, monsieur.

— Dites.

— La première est celle-ci : le roi a donné, à vous, un écrin de perles...

— A votre sœur, monsieur...

— A vous, monsieur... D'ailleurs, peu importe... Ma sœur ne porte point de joyaux pareils... Ce n'est pas une prostituée que mademoiselle de Taverney ; elle vous prie de remettre l'écrin à qui l'a donné; ou, comme vous craindriez de désobliger Sa Majesté, qui a tant fait pour notre famille, de garder l'écrin chez vous.

Philippe tendit l'écrin à son père. Celui-ci le prit, l'ouvrit, regarda les perles et le jeta sur un chiffonnier.

— Après? dit-il.

— Ensuite, monsieur, comme nous ne sommes pas riches, puisque vous avez engagé ou dépensé jusqu'au bien de notre mère, ce dont je ne vous fais pas reproche, à Dieu ne plaise...

— Il vaudrait mieux, dit le baron en grinçant les dents.

— Mais enfin, comme nous n'avons que Taverney qui vienne de cette succession modique, nous vous prions de choisir entre Taverney et ce petit hôtel où nous sommes. Habitez l'un, nous nous retirerons dans l'autre.

Le baron froissa son jabot de dentelles avec une fureur qui ne se trahit que par l'agitation de ses doigts, la moiteur de son front, le frémissement de ses lèvres; Philippe même ne les remarqua pas. Il avait détourné la tête.

— J'aime mieux Taverney, répliqua le baron.

— Alors, nous gardons l'hôtel?

— Comme vous voudrez.

— Quand partirez-vous?

— Ce soir même... Non, tout de suite.

Philippe s'inclina.

— A Taverney, continua le baron, on paraît roi avec trois mille livres de rente... Je serai deux fois roi.

Il étendit la main vers le chiffonnier, pour prendre l'écrin, qu'il serra dans sa poche.

Puis il se dirigea vers la porte.

Tout à coup, revenant sur ses pas, avec un atroce sourire :

— Philippe, dit-il, je vous permets de signer de notre nom le premier traité de philosophie que vous publierez. Quant à Andrée..., pour son premier ouvrage..., conseillez-lui de l'appeler Louis ou Louise : c'est un nom qui porte bonheur.

Et il sortit en ricanant. Philippe, l'œil sanglant, le front en feu, serra de sa main la garde de son épée, en murmurant :

— Mon Dieu ! donnez-moi la patience, accordez-moi l'oubli !

VIII

Le cas de conscience.

Après avoir transcrit, avec ce soin méticuleux qui le caractérisait, quelques pages de ses rêveries d'*Un Promeneur solitaire,* Rousseau venait de terminer un frugal déjeuner.

Quoiqu'une retraite lui eût été offerte par M. de Girardin, dans les délicieux jardins d'Ermenonville, Rousseau, hésitant à se soumettre à l'esclavage des grands, comme il disait dans sa monomanie misanthropique, habitait encore ce petit logement de la rue Plâtrière que nous connaissons.

De son côté, Thérèse ayant achevé de mettre en ordre le petit ménage, venait de prendre son panier pour aller à la provision.

Il était neuf heures du matin.

La ménagère, selon son habitude, vint demander à Rousseau ce qu'il préférait pour le dîner du jour.

Rousseau sortit de sa rêverie, leva lentement la tête et regarda Thérèse comme fait un homme à moitié éveillé.

— Tout ce que vous voudrez, dit-il, pourvu qu'il y ait des cerises et des fleurs.

— On verra, dit Thérèse, si tout cela n'est pas trop cher.

— Bien entendu, dit Rousseau.

— Car enfin, continua Thérèse, je ne sais pas si c'est que ce que vous faites ne vaut rien, mais il me semble qu'on ne vous paye plus comme autrefois.

— Tu te trompes, Thérèse, on me paye le même prix, mais je me fatigue et travaille moins, et puis mon libraire est en retard avec moi d'un demi-volume.

— Vous verrez que celui-là vous fera encore banqueroute.

— Il faut espérer que non, c'est un honnête homme.

— Un honnête homme, un honnête homme; quand vous avez dit cela, vous croyez avoir tout dit.

— J'ai dit beaucoup, au moins, répliqua Rousseau en souriant, car je ne le dis pas de tout le monde.

— C'est pas étonnant : vous êtes si maussade.

— Thérèse, nous nous éloignons de la question.

— Oui, vous voulez vos cerises, gourmand! vous voulez vos fleurs, sybarite!

— Que voulez-vous, ma bonne ménagère, répliqua Rousseau avec une patience d'ange, j'ai le cœur et la tête si malades, que, ne pouvant sortir, je me récréerai, du moins, à voir un peu de ce que Dieu jette à pleines mains dans les campagnes.

En effet, Rousseau était pâle et engourdi, et ses mains paresseuses feuilletaient un livre que ses yeux ne lisaient pas.

Thérèse secoua la tête.

— C'est bon, c'est bon, dit-elle, je sors pour une heure, souvenez-vous bien que je mets la clef sous le paillasson, et que si vous en avez besoin...

— Oh! je ne sortirai pas, dit Rousseau.

— Je sais bien que vous ne sortirez pas, puisque vous ne pouvez pas tenir debout; mais je vous dis cela pour que vous fassiez un peu attention aux gens qui peuvent venir et que vous ouvriez si l'on sonne; car, si l'on sonne, vous serez sûr que ce n'est pas moi.

— Merci, bonne Thérèse, merci; allez.

La gouvernante sortit en grommelant selon son habitude, mais le bruit de son pas lourd et traînant se fit encore entendre longtemps dans l'escalier.

Mais aussitôt que la porte fut refermée, Rousseau profita de son isolement pour s'étendre avec délices sur sa chaise, regarda les oiseaux qui becquetaient sur la fenêtre un peu de mie de pain, et respira tout le soleil qui filtrait entre les cheminées des maisons voisines.

Sa pensée, jeune et rapide, n'eut pas plutôt senti la liberté qu'elle ouvrit ses ailes comme faisaient ces passereaux après leur joyeux repas.

Tout à coup la porte d'entrée cria sur ses gonds, et vint arracher le philosophe à sa douce somnolence.

Eh quoi, se dit-il, déjà de retour !... me serais-je endormi quand je croyais rêver seulement?

La porte de son cabinet s'ouvrit lentement à son tour.

Rousseau tournait le dos à cette porte; convaincu que c'était Thérèse qui rentrait, il ne se dérangea même pas.

Il se fit un moment de silence.

Puis au milieu de ce silence :

— Pardon, monsieur, dit une voix qui fit tressaillir le philosophe.

Rousseau se retourna vivement.

— Gilbert, dit-il.

— Oui, Gilbert, encore une fois pardon, monsieur Rousseau.

Rousseau resta l'œil fixé sur le jeune homme.

C'était Gilbert, en effet.

Mais Gilbert hâve et les cheveux épars, cachant mal, sous ses vêtements en désordre, ses membres amaigris et tremblottants; Gilbert, en un mot, dont l'aspect fit frémir Rousseau et lui arracha une exclamation de pitié qui ressemblait à de l'inquiétude.

Gilbert avait le regard fixe et lumineux des oiseaux de proie affamés; un sourire de timidité affectée contrastait avec ce regard, comme ferait, avec le haut d'une tête sérieuse d'aigle, le bas d'une tête railleuse de loup ou de renard.

— Que venez-vous faire ici, s'écria vivement Rousseau, qui n'aimait pas le désordre, et le regardait chez autrui comme un indice de mauvais dessein.

— Monsieur, répondit Gilbert, j'ai faim.

Rousseau frissonna en entendant le son de cette voix qui proférait le plus terrible mot de la langue humaine.

— Et comment êtes-vous entré ici? demanda-t-il; la porte était fermée.

— Monsieur, je sais que madame Thérèse met ordinairement la clef sous le paillasson; j'ai attendu que madame Thérèse fût sortie, car elle ne m'aime pas, et aurait peut-être refusé de me recevoir ou de m'introduire près de vous; alors, vous sachant seul, j'ai monté, j'ai pris la clef dans la cachette, et me voici.

Rousseau se souleva sur les deux bras de son fauteuil.

— Écoutez-moi, dit Gilbert, un moment, un seul moment, et je vous jure, monsieur Rousseau, que je mérite d'être entendu.

— Voyons, répondit Rousseau saisi de

stupeur à la vue de cette figure qui n'offrait plus aucune expression des sentiments communs à la généralité des hommes.

— J'aurais dû commencer par vous dire que je suis réduit à une telle extrémité que je ne sais si je dois voler, me tuer, ou faire pis encore.

A ces mots, Rousseau se leva tout à fait et se fit un rempart de son bureau.

— Oh! ne craignez rien, mon maître et mon protecteur, dit Gilbert d'une voix pleine de douceur, car je crois, en y réfléchissant, que je n'aurai pas besoin de me tuer et que je mourrai bien sans cela, car, depuis huit jours que je me suis enfui de Trianon, je parcours les bois et les plaines sans manger autre chose que des légumes verts ou quelques fruits sauvages dans les bois. Je suis sans forces. Je tombe de fatigue et d'inanition. Quant à voler, ce n'est pas chez vous que je le tenterai; j'aime trop votre maison, monsieur Rousseau. Quant à cette troisième chose, oh! pour l'accomplir....

— Eh bien! fit Rousseau.

— Eh bien, il me faudrait une résolution que je viens chercher ici.

— Etes-vous fou? s'écria Rousseau.

— Non, monsieur, mais je suis bien malheureux, bien désespéré, et me serais noyé dans la Seine ce matin, sans une réflexion qui m'est venue.

— Laquelle?

— C'est que vous avez écrit :

« Le suicide est un vol fait au genre humain. »

Rousseau regarda le jeune homme comme pour lui dire:

— Avez-vous l'amour-propre de croire que c'est à vous que je pensais en écrivant cela ?

— Oh ! je comprends, murmura Gilbert.

— Je ne crois pas, dit Rousseau.

— Vous voulez dire : Est-ce que votre mort, à vous misérable qui n'êtes rien, qui ne possédez rien, qui ne tenez à rien, serait un événement?

— Ce n'est point de cela qu'il s'agit, dit

Rousseau honteux d'être deviné; mais vous aviez faim, je crois?

— Oui, je l'ai dit.

— Eh bien! puisque vous saviez où est la porte, vous savez aussi où est le pain: allez au buffet, prenez du pain, et partez.

Gilbert ne bougea point.

— Si ce n'est pas du pain qu'il vous faut, mais de l'argent, je ne vous crois pas assez méchant pour maltraiter un vieillard qui fut votre protecteur, dans la maison même qui vous a donné asile. Contentez-vous donc de ce peu... Tenez.

Et fouillant à sa poche, il lui présenta quelques pièces de monnaie.

Gilbert lui arrêta la main.

— Oh! dit-il avec une douleur poignante, ce n'est ni d'argent ni de pain qu'il s'agit; vous n'avez pas compris ce que je voulais dire quand je parlais de me tuer. Si je ne me tue pas, c'est que maintenant ma vie peut être utile à quelqu'un, c'est que ma mort volerait quelqu'un, monsieur. Vous qui connaissez toutes les lois sociales, toutes les obligations naturelles, est-il en ce monde un lien qui puisse rattacher à la vie un homme qui veut mourir?

— Il en est beaucoup, dit Rousseau.

— Etre père, murmura Gilbert, est-ce un de ces liens-là? Regardez-moi en me répondant, monsieur Rousseau, que je voie la réponse dans vos yeux.

— Oui, balbutia Rousseau; oui, bien certainement. A quoi bon cette question de votre part?

— Monsieur, vos paroles vont être un arrêt pour moi, dit Gilbert; pesez-les donc bien, je vous en coujure, monsieur, je suis si malheureux que je voudrais me tuer; mais... mais, j'ai un enfant!

Rousseau fit un bond d'étonnement sur son fauteuil.

— Oh! ne me raillez pas, monsieur, dit humblement Gilbert; vous croiriez ne faire qu'une égratignure à mon cœur, et vous l'ouvririez comme avec un poignard : je vous le répète, j'ai un enfant.

Rousseau le regarda sans lui répondre.

— Sans cela, je serais déjà mort, continua Gilbert; dans cette alternative, je me suis dit que vous me donneriez un bon conseil, et je suis venu.

— Mais, demanda Rousseau, pourquoi donc ai-je des conseils à vous donner, moi; est-ce que vous m'avez consulté quand vous avez fait la faute?

— Monsieur, cette faute...

Et Gilbert, avec une expression étrange, s'approcha de Rousseau.

— Eh bien! fit celui-ci.

— Cette faute, reprit Gilbert, il y a des gens qui l'appellent un crime.

— Un crime! raison de plus alors pour que vous ne m'en parliez pas. Je suis un homme comme vous, et non un confesseur. D'ailleurs, ce que vous me dites ne m'étonne point; j'ai toujours prévu que vous tourneriez mal; vous êtes une méchante nature.

— Non, monsieur, répondit Gilbert en secouant mélancoliquement la tête. Non, monsieur, vous vous trompez; j'ai l'esprit faux ou plutôt faussé; j'ai lu beaucoup de livres qui m'ont prêché l'égalité des castes, l'orgueil de l'esprit, la noblesse des instincts ; ces livres, monsieur, étaient signés de si illustres noms, qu'un pauvre paysan comme moi a bien pu s'égarer... Je me suis perdu.

— Ah! ah! je vois où vous voulez en venir, monsieur Gilbert.

— Moi?

— Oui ; vous accusez ma doctrine, n'avez-vous pas le libre arbitre?

— Je n'accuse pas, monsieur, je vous dis que j'ai lu; ce que j'accuse, c'est ma crédulité, j'ai cru, j'ai failli; il y a deux causes à mon crime : vous êtes la première et je viens d'abord à vous, j'irai ensuite à la seconde, mais à son tour et quand il en sera temps.

— Enfin, voyons, que me demandez-vous?

— Ni bienfait, ni abri, ni pain même, quoique je sois abandonné, un affamé; non, je vous demande un soutien moral, je vous demande une sanction de votre doctrine, je vous demande de me rendre par un mot toute ma force, qui s'est brisée, non pas par l'inanition, en mes bras et en mes jambes, mais par le doute, en ma tête et en mon cœur. Monsieur Rousseau, je vous adjure donc de me dire si ce que j'éprouve depuis huit jours est la douleur de la faim, dans les muscles de mon estomac, ou si c'est la torture du remords, dans les organes de ma pensée. J'ai engendré un enfant, monsieur, en commettant un crime ; eh bien ! maintenant, dites-moi, faut-il que je m'arrache les cheveux dans un désespoir amer et que je me roule sur le sable en criant : Pardon ! ou il faut que je rie, comme la femme de l'Écriture, en disant : J'ai fait comme fait le monde; s'il en est parmi les hommes un meilleur que moi, qu'il me lapide? En un mot, monsieur Rousseau, vous qui avez dû éprouver ce que j'éprouve, répondez à cette question, dites, dites, est-il naturel qu'un père abandonne son enfant?

Gilbert n'eût pas plus tôt prononcé cette parole, que Rousseau devint plus pâle que Gilbert ne l'était lui-même, et que perdant toute contenance :

— De quel droit me parlez-vous ainsi? balbutia-t-il.

— C'est parce qu'étant chez vous, monsieur Rousseau, dans cette mansarde où vous m'aviez donné l'hospitalité, j'ai lu ce que vous écriviez sur ce sujet ; parce que vous avez déclaré que les enfants nés dans la misère sont à l'État, qui doit en prendre soin ; parce qu'enfin vous vous êtes toujours regardé comme un honnête homme, bien que vous n'ayez pas reculé devant l'abandon des enfants qui vous étaient nés.

— Malheureux, dit Rousseau, tu avais lu mon livre, et tu viens me tenir un pareil langage !

— Eh bien ? fit Gilbert.

— Eh bien ! tu n'es qu'un mauvais esprit joint à un mauvais cœur.

— Monsieur Rousseau ?

— Tu as mal lu dans mes livres, comme tu lis mal dans la vie humaine! tu n'as vu que la surface des feuillets, comme tu ne vois que celle du visage! Ah! tu crois me rendre solidaire de ton crime en me citant les livres que j'ai écrits; en me disant : Vous avouez avoir fait ceci, donc, je puis le faire! — Mais, malheureux! ce que tu ne sais pas, ce que tu n'as pas lu dans mes livres, ce que tu n'as point deviné, c'est que la vie entière de celui que tu as pris pour exemple, cette vie de misère et de souffrances, je pouvais l'échanger contre une existence dorée, voluptueuse, pleine de faste et de plaisir. Ai-je moins de talent que M. de Voltaire, et ne pouvais-je pas produire autant que lui? En m'appliquant moins que je le fais, ne pouvais-je pas vendre mes livres aussi cher qu'il vend les siens, et forcer l'argent à venir rouler dans mon coffre, en tenant sans cesse un coffre à moitié plein à la disposition de mes libraires? L'or attire l'or: ne le sais-tu pas? J'aurais eu aussi un palais, moi; j'aurais eu aussi des chevaux fringants, j'aurais eu une voiture pour promener une jeune et belle maîtresse, et, crois-le bien, ce luxe n'eût point tari en moi la source d'une intarissable poésie. N'ai-je plus de passions, dis?

Regarde bien mes yeux qui, à soixante ans, brillent encore des feux de la jeunesse et du désir? Toi qui as lu ou copié mes livres, voyons, ne te rappelles-tu pas que malgré le déclin des ans, malgré des maux très-réels et très-graves, mon cœur, toujours jeune, semble avoir hérité pour mieux souffrir, hérité de toutes les forces du reste de mon organisation? Accablé d'infirmités qui m'empêchent de marcher, je me sens plus de vigueur et de vie pour absorber la douleur que je n'en eus jamais dans la fleur de mon âge pour accueillir les rares félicités que j'ai reçues de Dieu.

— Je sais tout cela, monsieur, dit Gilbert. Je vous ai vu de près et vous ai compris.

— Alors, si tu m'as vu de près, alors, si tu m'as compris, ma vie n'a-t-elle pas pour toi une signification qu'elle n'a pas pour les autres? Cette abnégation étrange qui n'est pas dans ma nature ne te dit-elle pas que j'ai voulu expier...

— Expier! murmura Gilbert.

— N'as-tu pas compris, continua le philosophe, que cette misère m'ayant forcé tout d'abord de prendre une détermination excessive, je n'avais plus trouvé ensuite d'autre excuse à cette détermination que le désintéressement et la persévérance dans la misère? N'as-tu pas compris que j'ai puni mon esprit par l'humiliation? Car c'était mon esprit qui était coupable; mon esprit, qui avait eu recours aux paradoxes pour se justifier, tandis que, d'un autre côté, je punissais mon cœur par la perpétuité du remords.

— Ah! s'écria Gilbert, c'est ainsi que vous me répondez! c'est ainsi que vous autres philosophes, qui jetez des préceptes écrits au genre humain, vous vous plongez dans le désespoir, en nous condamnant si nous vous irritons; eh! que m'importe, à moi, votre humiliation, du moment qu'elle est secrète, votre remords dès qu'il est caché. Oh! malheur, malheur à vous, malheur! et que les crimes commis en votre nom retombent sur votre tête!

— Sur ma tête, dites-vous, la malédiction et le châtiment à la fois, car vous oubliez le châtiment, oh! ce serait trop! Vous qui avez péché comme moi, vous condamnez-vous aussi sévèrement que moi?

— Plus sévèrement encore, dit Gilbert, car ma punition, à moi, sera terrible; car à présent que je n'ai plus foi en rien, je me laisserai tuer par mon adversaire, ou plutôt par mon ennemi; suicide que ma misère me conseille, que ma conscience me pardonne; car, maintenant, ma mort n'est plus un vol fait à l'humanité, et vous avez écrit là une phrase que vous ne pensiez pas.

— Arrête, malheureux, dit Rousseau, arrête; n'as-tu pas fait assez de mal avec l'imbécile crédulité? faut-il que tu en fasses plus encore avec le scepticisme stupide. Tu m'as parlé d'un enfant, tu m'as dit que tu étais ou que tu allais être père?

— Je l'ai dit, répéta Gilbert.

— Sais-tu bien ce que c'est, murmura Rousseau à voix basse, que d'entraîner avec soi, non pas dans la mort, mais dans la honte, des créatures nées pour respirer librement et purement le grand air de la vertu que Dieu donne pour dot à tout homme sortant du sein de sa mère? Écoute cependant combien ma situation est horrible : quand j'ai abandonné mes enfants, j'ai compris que la société, que toute supériorité blesse, allait me jeter cette injure à la face comme un reproche infamant; alors je me suis justifié avec des paradoxes; alors j'ai employé dix ans de ma vie à donner des conseils aux mères pour l'éducation de leurs enfants, moi qui n'avais pas su être père, à la patrie pour la formation des citoyens forts et honnêtes, moi qui avais été faible et corrompu. Puis un jour, le bourreau qui venge la société, la patrie et l'orphelin, le bourreau ne pouvant s'en prendre à moi, s'en est pris à mon livre, et l'a brûlé comme une honte vivante pour le pays dont ce livre avait empoisonné l'air. Choisis, devine, juge ; ai-je fait bien dans l'action ? ai-je fait mal dans les préceptes ? Tu ne réponds pas ; Dieu lui-même serait embarrassé ; Dieu qui tient en ses mains l'inflexible balance du juste et de l'injuste. Eh bien ! moi, j'ai un cœur qui résout la question, et ce cœur me dit là, au fond de ma poitrine : Malheur à toi, père dénaturé, qui as abandonné tes enfants; malheur à toi si tu rencontres la jeune prostituée qui rit impudemment le soir au coin d'un carrefour, car peut-être la fille abandonnée que la faim a poussée à l'infamie; malheur à toi si tu rencontres dans la rue le voleur qu'on arrête, rouge encore de son larcin, car celui-là est peut-être ton fils abandonné, que la faim a poussé au crime!

A ces mots Rousseau, qui s'était soulevé, retomba dans son fauteuil.

— Et cependant, continua-t-il d'une voix brisée qui avait l'accent d'une prière, moi, je n'ai point été coupable autant qu'on pourrait le croire; moi, j'ai vu une mère sans entrailles, de moitié dans ma complicité, oublier, comme font les animaux, et je me suis dit : Dieu a permis que la mère oublie, c'est donc qu'elle doit oublier. Eh bien ! je me suis trompé à ce moment, et aujourd'hui que tu m'as entendu dire à toi ce que je n'ai jamais dit à personne, aujourd'hui tu n'as plus le droit de t'abuser.

— Ainsi, demanda le jeune homme en fronçant le sourcil, vous n'eussiez jamais abandonné vos enfants si vous aviez eu de l'argent pour les nourrir?

— Seulement le strict nécessaire, non, jamais, je le jure, jamais!

Et Rousseau étendit solennellement sa main tremblante vers le ciel.

— Vingt mille livres, demanda Gilbert, est-ce assez pour nourrir son enfant?

— Oui, c'est assez, dit Rousseau.

— Bien, dit Gilbert, merci, monsieur; maintenant, je sais ce qui me reste à faire.

— Et, dans tous les cas, jeune comme vous l'êtes, avec votre travail, vous pouvez nourrir votre enfant, dit Rousseau. Mais vous avez parlé de crime; on vous cherche, on vous poursuit peut-être...

— Oui, monsieur.

— Eh bien, cachez vous ici, mon enfant, le petit grenier est toujours libre.

— Vous êtes un homme que j'aime, mon maître, s'écria Gilbert, et l'offre que vous me faites me comble de joie; je ne vous demande en effet qu'un abri, quant à mon pain, je le gagnerai, vous savez que je ne suis pas un paresseux.

— Eh bien, dit Rousseau d'un air inquiet, si la chose est convenue ainsi, montez là haut, que madame Rousseau ne vous voie pas ici, elle ne monte plus au grenier puisque depuis votre départ nous n'y serrons plus rien, votre paillasse y est restée, arrangez-vous du mieux possible.

— Merci, monsieur, cela étant ainsi, je serai plus heureux que je ne le mérite.

— Maintenant, est-ce là tout ce que

vous désirez? dit Rousseau en poussant du regard Gilbert hors de la chambre.

— Non, monsieur; mais encore un mot, s'il vous plaît.

— Dites.

— Vous m'avez un jour, à Luciennes, accusé de vous avoir trahi, je ne trahissais personne, monsieur, je suivais mon amour.

— Ne parlons plus de cela, est-ce tout?

— Oui; maintenant, monsieur Rousseau, quand on ne sait pas l'adresse de quelqu'un à Paris, est-il possible de se la procurer?

— Sans doute, quand cette personne est connue.

— Celle dont je veux parler est fort connue.

— Son nom?

— M. le comte Joseph Balsamo.

Rousseau frissonna; il n'avait pas oublié la séance de la rue Plâtrière.

— Que voulez-vous à cet homme? demanda-t-il.

— Une chose toute simple. Je vous avais accusé! vous, mon maître, d'être moralement la cause de mon crime, puisque je croyais n'avoir obéi qu'à la loi naturelle.

— Et je vous ai détrompé? s'écria Rousseau tremblant à l'idée de cette responsabilité.

— Vous m'avez éclairé, du moins.

— Eh bien ! que voulez-vous dire ?

— Que mon crime a non-seulement eu une cause morale, mais une cause physique.

— Et ce comte de Balsamo est la cause physique, n'est-ce pas?

— Oui. J'ai copié des exemples, j'ai saisi une occasion, et, en cela, je le reconnais maintenant, j'ai agi en animal sauvage, et non en homme. L'exemple, c'est vous; l'occasion, c'est M. le comte de Balsamo. Où demeure-t-il, le savez-vous?

— Oui.

— Donnez-moi son adresse, alors.

— Rue Saint-Claude, au Marais.

— Merci, je vais chez lui de ce pas.

— Prenez garde, mon enfant, s'écria Rousseau en le retenant, c'est un homme puissant et profond.

— Ne craignez rien, monsieur Rousseau, je suis résolu, et vous m'avez appris à me posséder.

— Vite, vite, montez là-haut, s'écria Rousseau, j'entends se fermer la porte de l'allée ; c'est sans doute madame Rousseau qui rentre ; cachez-vous dans ce grenier jusqu'à ce qu'elle soit revenue ici, ensuite vous sortirez.

— La clef, s'il vous plaît?

— Au clou, dans la cuisine, comme d'habitude.

— Adieu, monsieur, adieu.

— Prenez du pain, je vous préparerai du travail pour cette nuit.

— Merci!

Et Gilbert s'esquiva si légèrement, qu'il était déjà dans son grenier avant que Thérèse n'eût monté le premier étage.

Muni du précieux renseignement que lui avait donné Rousseau, Gilbert ne fut pas long à exécuter son projet.

En effet, Thérèse n'eut pas plutôt refermé la porte de son appartement, que le jeune homme, qui, de la porte de la mansarde, avait suivi tous ses mouvements, descendit l'escalier avec autant de rapidité que s'il n'eût pas été affaibli par un long jeûne. Il avait la tête pleine d'idées d'espérance, de rancunes, et derrière tout cela planait une ombre vengeresse qui l'aiguillonnait de ses plaintes et de ses accusations.

Il arriva rue Saint-Claude dans un état difficile à décrire.

Comme il entrait dans la cour de l'hôtel, Balsamo reconduisait jusqu'à la porte le comte de Rohan, qu'un devoir de politesse avait amené chez son généreux alchimiste.

Or, comme le prince en sortait, s'arrêtant une dernière fois pour renouveler ses remercîments à Balsamo, le pauvre enfant, déguenillé, s'y glissait comme un chien, n'osant regarder autour de lui de peur de s'éblouir.

Le carrosse du prince Louis l'attendait au boulevard; le prélat traversa lestement l'espace qui le séparait de sa voiture, qui partit avec rapidité, dès que la portière fut refermée sur lui.

Balsamo l'avait suivi d'un regard mélancolique, et quand la voiture eut disparu, il se tourna vers le perron.

Sur ce perron était une espèce de mendiant dans l'attitude de la supplication.

Balsamo marcha à lui; quoique sa bouche fût muette, son regard expressif interrogeait.

— Un quart d'heure d'audience, s'il vous plaît, monsieur le comte, dit le jeune homme aux habits déguenillés.

— Qui êtes-vous, mon ami? demanda Balsamo avec une suprême douceur.

— Ne me reconnaissez-vous pas? demanda Gilbert.

— Non, mais n'importe, venez, répliqua Balsamo sans s'inquiéter de la mine étrange du solliciteur, non plus que de ses vêtements et de son importunité.

Et marchant devant lui, il le conduisit

dans la première chambre, où, s'étant assis, sans changer de ton et de visage:

— Vous demandiez si je vous reconnaissais? dit-il.

— Oui, monsieur le comte.

— En effet, il me semble vous avoir vu quelque part.

— A Taverney, monsieur, lorsque vous y vîntes la veille du jour du passage de la Dauphine.

— Que faisiez-vous à Taverney?

— J'y demeurais.

— Comme serviteur de la famille ?

— Non pas ; comme commensal.

— Vous avez quitté Taverney ?

— Oui, monsieur, voilà près de trois ans.

— Et vous êtes venu...?

— A Paris, où d'abord j'ai étudié chez M. Rousseau, après quoi j'ai été placé dans les jardins de Trianon en qualité d'aide-jardinier-fleuriste, par la protection de M. de Jussieu.

— Voilà de beaux noms que vous me citez-là, mon ami. Que me voulez-vous?

— Je vais vous le dire.

Et, faisant une pause, il fixa sur Balsamo un regard qui ne manquait pas de fermeté.

— Vous rappelez-vous, continua-t-il, être venu à Trianon pendant la nuit du grand orage, il y aura vendredi six semaines?

Balsamo devint sombre, de sérieux qu'il était.

— Oui, je me souviens, dit-il ; m'auriez-vous vu, par hasard ?

— Je vous ai vu.

— Alors, vous venez pour vous faire payer le secret ? dit Balsamo d'un ton menaçant.

— Non, monsieur, car ce secret, j'ai plus d'intérêt encore que vous à le garder.

— Alors vous êtes celui qu'on nomme Gilbert? dit Balsamo.

— Oui, monsieur le comte.

Balsamo enveloppa de son regard profond et dévorant le jeune homme dont le nom emportait une accusation si terrible.

Il fut surpris, lui qui se connaissait en hommes, de l'assurance de son maintien, de la dignité de sa parole.

Gilbert s'était posé devant une table sur laquelle il ne s'appuyait pas; une de ses mains effilées, blanches même malgré l'habitude des travaux rustiques, était cachée dans sa poitrine; l'autre tombait avec grâce à son côté.

— Je vois à votre contenance, dit Balsamo, ce que vous venez faire ici; vous savez qu'une dénonciation terrible a été faite contre vous par mademoiselle de Taverney qu'avec l'aide de la science j'ai forcée de dire la vérité; vous venez me reprocher ce témoignage, n'est-ce pas? cette évocation d'un secret qui, sans moi, fût resté enveloppé dans les ténèbres comme dans une tombe?

Gilbert se contenta de secouer la tête.

— Vous auriez tort cependant, continua Balsamo; car en admettant que j'eusse voulu vous dénoncer sans y être forcé par mon intérêt, à moi que l'on accusait; en admettant que je vous eusse traité en ennemi, que je vous eusse attaqué tandis que je me contentais de me défendre; en admettant, dis-je, tout cela, vous n'avez le droit de rien dire, car, en vérité, vous avez commis une lâche action.

Gilbert froissa rudement sa poitrine avec ses ongles, mais il ne répondit encore rien.

— Le frère vous poursuivra, et la sœur

vous fera tuer, reprit Balsamo, si vous avez l'imprudence de vous promener comme vous faites dans les rues de Paris.

— Oh! quant à cela, peu m'importe, dit Gilbert.

— Comment, peu vous importe?

— Oui; j'aimais mademoiselle Andrée; je l'aimais comme elle ne sera aimée de personne; mais elle m'a méprisé, moi qui avais des sentiments si respectueux pour elle; elle m'a méprisé, moi qui déjà deux fois l'avais tenue entre mes bras, sans même oser approcher mes lèvres du bas de sa robe.

— C'est cela, et vous lui avez fait payer ce respect; vous vous êtes vengé de ses mépris, par quoi? par un guet-apens.

— Oh! non, non; le guet-apens ne vient pas de moi; une occasion de commettre le crime m'a été fournie.

— Par qui?

— Par vous.

Balsamo se redressa comme si un serpent l'eût piqué.

— Par moi! s'écria-t-il.

FIN DU XVII° VOLUME.

TABLE DES MATIÈRES.

		Pages
I.	La consultation	1
II.	La conscience de Gilbert	41
III.	Deux douleurs	69
IV.	La route de Trianon	117
V.	Révélations	143
VI.	Le petit jardin du docteur Louis	187
VII.	Le père et le fils	211
VIII.	Le cas de conscience	257

CORBEIL. — Imp. de Crété.

www.ingramcontent.com/pod-product-compliance
Lightning Source LLC
Chambersburg PA
CBHW062010180426
43199CB00034B/1981